PHILOSOPHIE
DE
L'UNIVERS.

PHILOSOPHIE

DE

L'UNIVERS.

Rien de rien : rien sans cause, et rien qui n'ait effet.

A PARIS,

DE L'IMPRIMERIE DE DU PONT,

rue de la Loi, N° 1232.

PRÉFACE.

IL est très ordinaire d'entendre des discoureurs, qui se piquent de Philosophie, soutenir que *tout est mal dans le monde*, ou du moins que la somme des maux y surpasse beaucoup celle des biens. POPE avait combattu cette exagération par une autre, en tâchant d'établir que *tout est bien*. VOLTAIRE s'est attaché dans le Poëme de Lisbonne, et surtout dans l'ingénieux Roman de Candide, à tourner en ridicule le sentiment de *Pope*. Encore plus grand poëte, écrivain plus agréable que l'illustre anglais, il a d'autant plus aisément ramené les lecteurs à son opinion, que les hommes sont plus portés à parler de leurs maladies que de leur santé, et de leurs peines que de leurs jouissances : le bonheur est silencieux, la douleur est criarde ; et cela est juste, car celle-ci a besoin de secours et l'implore : l'autre se suffit à lui même.

Sans chercher à prouver que cette triste opinion, si gayment accréditée, est dangereuse en soi, il est bon d'examiner si elle est vraie : car, si elle était vraie, elle ne serait pas dangereuse. L'homme, ne pouvant se conduire avec sagesse que d'après les choses telles qu'elles sont, ne saurait acquérir sur elles des notions trop justes et trop exactes. Toute vérité lui est utile à connaître, par cela seul qu'elle est vérité.

L'Auteur des deux petits ouvrages que nous réunissons, comme concourans au même but et composés dans le même esprit, a voulu approfondir ce point important de la physique et de la morale universelles ; non en discutant longuement ce qui a été dit, ou pensé, par la multitude des philosophes de toute secte, mais en ouvrant le livre de la nature, pesant avec attention, résumant avec simplicité les vérités qu'on y trouve et qui s'éclairent mutuellement.

Son résultat, sans être celui de POPE, est encore plus éloigné de celui de VOLTAIRE. Et il ne faut pas croire que cela tienne à la séduction des plaisirs dont il aurait été environné pendant le cours de son travail. Lorsqu'il a écrit *Oromasis*, il avait à se soustraire à un mandat d'arrêt que l'on a longtems cru exécuté, et dont l'objet spécial était de l'envoyer mourir *à la Force* le 2 septembre. L'asyle qu'il habitait ne contenait point de lit. Il n'y pouvait recevoir que difficilement du pain, et plus difficilement de l'eau (1).

(1) Il devait cet asyle incommode et sauveur à l'amitié

Il a rédigé les *Principes sur la Philosophie de l'Univers*, au fonds d'une solitude agreste, au milieu d'une saison froide et pluvieuse, loin de ses enfans, de ses amis, des personnes dont la société habituelle est le plus indispensable à son bonheur :

---

courageuse de deux astronomes : le célèbre LALANDE, et un de ses jeunes Élèves HARMAND, qui l'était aussi pour les Sciences morales et politiques du prisonnier, dont il avait guidé les pas dans cette retraite. C'était avec beaucoup de peines et de danger qu'*Harmand* l'y avait conduit, et parvenait à lui procurer des subsistances. Il eut un jour à craindre d'être forcé de partir pour la guerre, et de laisser le solitaire sans vivres. *Lalande* s'offrit en ce cas à les porter lui-même.

A présent qu'il n'y a plus de péril à s'être chargé du salut d'un honnête homme, celui-ci croit devoir leur offrir ici l'hommage public de sa reconnaissance.

Et si la *Philosophie de l'Univers* peut un jour, par la pureté, par la clarté de sa morale fondée sur la physique, être utile au genre humain, que ceux dont elle affermira les pas dans le sentier de la vertu, que ceux auxquels elle donnera quelque espérance, quelque encouragement, quelque plaisir, remercient et bénissent avec l'auteur l'illustre et secourable *Lalande*, et le bon, l'habile, l'aimable, le sensible *Harmand*.

sa santé était altérée : des chagrins très amers se mêlaient aux souffrances et aux privations qu'il avait à supporter, et les aggravaient beaucoup.

C'est dans ces circonstances où, pour employer une expression de MONTAIGNE, la Philosophie n'est point *parlière*, mais pratique, qu'il a cru devoir *léguer* à quelques amis, doués d'un cœur sensible, et d'une raison forte, le fruit de ses recherches sur les causes et la proportion du bien et du mal, sur la nécessité de leur mélange, sur la moralité qui en dérive, sur la grande histoire naturelle et générale du monde.

Si les augustes vérités qu'elle présente pouvaient être obscurcies par le malheur, elles le seraient pour l'Auteur lui même. Il a survécu à l'ami respectable, auquel il adressait cette espèce de *Testament philosophique*.

Il a vu ce citoyen vertueux, l'un des hommes les plus éclairés, les plus doux, les plus sages qui aient existé, l'un de ceux qui a le plus constamment, le plus efficacement servi la nation et le genre humain, et qui s'en occupait encore dans ses derniers momens, périr de la manière la plus injuste, la plus tyrannique, la plus cruelle. Il ne cessera jamais de le pleurer.

C'était un savant du premier ordre, particulièrement exercé à porter dans les sciences physiques une méthode sévère, et cette analyse exacte avec laquelle on saisit la vérité. Sa femme, aujourd'hui la plus malheureuse des femmes, était le digne compagnon, l'utile coopérateur de tous ses travaux : révérée de tous ceux qui la connaissaient, comme offrant la plus intéressante réunion des charmes, des talens, des lumières et des vertus. Qui les a vus ensemble n'a jamais pu s'accoutumer à séparer leur idée. Leur ami employait, en leur parlant, cette méthode rigoureuse dont ils lui avaient appris l'usage. Il s'appliquait à partir de ces vérités physiques, qu'eux mêmes avaient démontrées, pour arriver aux vérités morales dont la physique est toujours la base, et pour manifester cet enchaînement de toutes les vérités par lequel elles servent à se constater les unes les autres.

On ne peut trop répéter aux hommes superficiels, que c'est chez les Physiciens les plus profonds qu'il faut chercher la morale la plus délicate. Il n'y a que l'ignorance qui puisse être impie. L'homme qui étudie sérieusement le monde adore nécessairement son auteur. *La* PHILOSOPHIE *est une* RELIGION : c'est celle de la vérité et de la nature.

Le moment le plus favorable pour invoquer sur elle l'attention des bons esprits et des âmes vertueuses, est, sans doute, celui où toutes les superstitions étant détruites, chacun se dit, au milieu des débris des erreurs humaines : *nous voyons bien ce qu'il ne faut pas croire, mais qu'est-il raisonnable de penser?*

C'est ce qui engage à publier ces deux écrits, qui n'avaient été jettés sur le papier que par et pour l'amitié la plus intime. On n'a pas cru devoir en changer les expressions, et rendre sèchement dogmatique une série d'observations aussi sentimentales que vraies. Le langage libre et sans réserve d'une amitié très tendre, qui croyait s'exprimer en secret, est un gage de plus de la pureté des vues qu'elle a présentées, de l'honnêteté des intentions qui la déterminèrent, de l'application qu'elle porta dans des recherches qu'elle a regardées comme un devoir et un service de l'amitié.

Les vérités rassemblées dans cette *Philosophie* sont de trois ordres.

Les premières sont toutes physiques, et rigoureusement démontrées. Leur clarté peut forcer l'assentiment des raisonneurs les plus incrédules. Elles suffisent aussi pour servir de base très-solide à la morale ordinaire.

Les secondes, qui semblent conjecturales, peuvent cependant être regardées comme *nécessaires* pour completter l'organisation de l'univers. Il ne doit pas être, dans les parties que nous ne pouvons voir, soumis à d'autres loix que celles qui nous sont manifestes dans les parties perceptibles à nos sens. L'Auteur espère qu'elles ne paraîtront pas dénuées de raison, ni sans quelque charme aux esprits réfléchissans.

Les troisièmes ne sont susceptibles d'autres preuves que leur parfaite analogie avec les vérités indubitables, leur accord avec les loix générales de l'histoire naturelle, et la vraisemblance que leur donne la profonde moralité qu'elles indiquent dans ce bel enchaînement de phénomènes qu'on appelle *la Nature*.

Nul de ceux qui les auront discutées n'en deviendra plus méchant. Plusieurs d'entre eux pourront en devenir meilleurs.

OROMASIS,

POËME DIALOGUÉ.

L'Existence est la démonstration du bien.

L'AN PREMIER.

PERSONNAGES.

OROMASIS.

ARIMANE.

La Scène est au commencement du Monde.

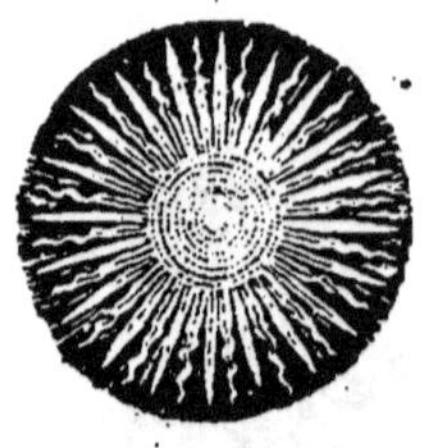

OROMASIS,

OROMASIS,

POËME.

OROMASIS, ARIMANE.

OROMASIS.

ENFIN, je t'ai vaincu ; je prends, malgré toi, possession de la Matière, et je vais créer le Monde.

ARIMANE.

Tu m'as vaincu ; mais tu ne m'as pas détruit, et tu ne peux pas me détruire ; je suis immortel comme toi. Je serai ton éternel ennemi. Disposes de la Matière, dont tu ne saurais me bannir. Fais ton Monde.

OROMASIS.

Du sein du cahos, séparez vous ; sortez Flâme éthèrée ; réunissez vous en glôbes, et, par millions de milliards, devenez des *Soleils*, tournans sur vos axes, suspendus à la place qui vous sera fixée par l'équilibre de vos attractions réciproques. Soyez les bâses et les moteurs de l'Univers.

Matière moins parfaite; Air, Eau, Terre: Elémens, qui prenez ces figures diverses, selon que vous êtes plus ou moins pénétrés de chaleur; mobile Protée, triple Hécate, formez des glôbes moins considérables, moins brillans, plus multipliés, plus habitables. Soyez distribués entre les Soleils qui vous imprimeront le mouvement et vous dispenseront la lumière.

Qu'autour de celui qui les régira, et dans le sens indiqué par sa rotation, les principaux d'entre vous parcourent leur vaste orbite. Suivez-le en amis plutôt qu'en esclaves. Vous avez un pouvoir: déployez-le, en raison de votre masse, à des distances presque infinies. Que votre course à travers l'océan lumineux, déterminée par l'impulsion que vous donnera votre Soleil, soit réglée par son attraction, par la vôtre, par celle que les *Planètes*, vos sœurs, et vous, exercerez les unes sur les autres, et sur lui même.

Que les plus petits, servant de *Satellites*, aux premiers, réagissans, mais entraînés par eux, plus remarquables pour eux que les Soleils même d'une autre famille céleste, forment des nœuds perpétuels, en roulant à la fois sur leurs axes, autour de leur Soleil, et autour de leur Planète dominatrice.

Armée des Cieux, marchez.

ARIMANE.

Ce n'est encore que de la mécanique sur laquelle mon génie inventif n'a point de prise : poursuis, Oromasis.

OROMASIS.

Planètes, mes filles chéries, que le fluide aëriforme, que les vapeurs qui vous environnent, brisant, rassemblant, concentrant les rayons solaires, portent sur vos plaines et dans vos vallées une chaleur fécondante : tandis que vos montagnes et vos pôles, réservoirs de glaces dont l'obliquité de votre écliptique fera fondre et renouveller alternativement une partie, entretiendront le cours des rivières, et nourriront les Océans, d'où sortiront de nouvelles vapeurs, mères intarissables de nouvelles sources : que la fraîcheur du matin les condense en douces rosées; et, selon le besoin, qu'un coup de vent rapide les précipite en pluies abondantes.

ARIMANE.

Qu'elles forment aussi la triste neige, la grêle accablante et la foudre dévastatrice.

OROMASIS.

Naissez, *Plantes*, dans vos espèces variées, dans vos différentes beautés, dans vos jouissances paisibles : à vous commencera *l'animation*. Je vous donne la faculté de vous développer et de vous nourrir. Je vous doue du bonheur de vous reproduire. Je vous jette une première étincelle du feu créateur : vous connaîtrez *l'Amour*. Le jeune Pavôt, qui ne pourra d'abord soutenir sans plier le poids de son léger bouton, aussitôt que la flâme génératrice aura coulé dans ses fibres, portera vers le ciel sa large fleur épanouie, brillante d'orgueil et de volupté, prête à céder la place à son fruit couronné qui lancera au loin ses graines productives. Palpitez, Rose éclatante et parfumée, riche et odorant OEillet, belle Tulipe, noble Lys, suave Tubéreuse; et toi aussi, timide Violette : et même, toi pudique et modeste Champignon. Vivez, aimez : que le zéphir vous caresse, que la pluie vous alimente, que le soleil vous colore et vous fortifie (2).

ARIMANE.

Parmi vous croîtront des poisons.

OROMASIS *à Arimane.*

Ils ne le seront pas pour eux-mêmes; ils jouiront comme les autres. Et que sais-tu, s'il me sera impossible d'y placer autant de propriétés utiles, que tu auras pu y en mettre de funestes?

Continuant son ouvrage.

Paraissez, *Animaux.* Vous aurez de plus

(2) Quem mulcent auræ, firmat sol, educat imber. CATULLE.

que les Plantes, la mémoire, la réflexion, le raisonnement et le travail, chacun selon votre portée.

Vos amours seront plus exquis et plus moraux : ils ne seront pas toujours bornés au seul plaisir physique. Vous chercherez à plaire, et vous plairez. Plusieurs de vous vivront en famille. Presque toutes vos femelles, et une partie de vos mâles connaîtront la douceur d'aimer leurs enfans : sentiment si délicieux et si pur que c'est lui qui me porte, moi, père et maître du monde, à vous animer tous.

ARIMANE.

Les plus doux d'entre eux feront la guerre à tes plantes; et, de leurs dents sans pitié, les couperont, les arracheront, les dévoreront. La plûpart se dévoreront les uns les autres.

OROMASIS *à Arimane.*

Il faut bien qu'ils finissent; et je te remercie de ce que par ta cruauté, tu me fournis dans cette matière si bornée le moyen de donner l'existence à un plus grand nombre d'êtres vivans.

Reprenant son travail.

Je vais former le premier des animaux, celui qui doit tous les surpasser en intelligence et en bonheur. Sa tête arrondie contiendra une plus grande masse de cette matière élaborée que je puis rendre organe de la pensée. Je placerai l'orifice occipital plus près de la face; et, seul entre les animaux, cet animal auguste regardera le Ciel. Seul il pourra concevoir de moi quelque idée, incomplette et faible, il est vrai, mais cependant juste. J'ouvrirai envers moi son cœur à la Piété; il sera plus *mon fils* que tous les autres êtres que j'ai créés; car seul parmi eux il saura reconnaître et chérir en moi un père et un bienfaiteur. Sa stature droite le fera paraître plus grand que la plûpart des animaux plus forts que lui. Ses jambes suffiront à sa marche, à sa course : ses mains industrieuses resteront libres pour les armes et pour les arts. Les unes et les autres, mais sur-tout la supériorité et la perfectibilité de son esprit, lui soumettront les divers habitans du glôbe terrestre. Il deviendra leur Roi. Le Cheval et le Chien seront ses serviteurs aimables et fidèles ; le robuste Taureau, le Loup sanguinaire, le Lion puissant, le Tigre furieux, le Crocodile vorace, l'énorme et spirituel Eléphant, le Rhinocéros farouche, ou lui obéïront, ou fuiront devant lui. Voilà *l'Homme :* j'exhale sur lui avec complaisance mon souffle divin, je lui donne la vie.

ARIMANE.

Et moi, je lui donne la mort.

OROMASIS.

Insensé ! tu ne vois pas que c'est toi qui complettes mon ouvrage. Hé ! qu'aurait-il fait de la vie sans la mort ?

Il n'aurait pas été en mon pouvoir de lui accorder l'Amour. La matière n'aurait pu suffire à la multiplication d'une race d'hommes immortels. Il n'aurait été ni fils, ni époux, ni père. Il serait tombé au-dessous de la plante. Il n'eut trouvé dans sa triste existence qu'un interminable tourment; sa vie n'aurait pas été préférable à la mort qu'il tient de toi, ou de moi peut-être par tes mains. Tu la rends hideuse, et voilà ce qui t'appartient : la nature et moi l'avons faite salutaire et bonne.

A l'homme.

Homme, je veux t'approcher de moi, comme une créature peut l'être d'un Dieu.

Je te donne la Force.....

ARIMANE.

Je la dompterai par la fatigue.

OROMASIS.

Le Courage.....

ARIMANE.

J'en ferai la colère.

OROMASIS.

La Raison....

ARIMANE.

Je l'égarerai par les passions et par l'erreur.

OROMASIS, *toujours à l'homme.*

Pour ta félicité, je mettrai tous mes soins à fabriquer mon dernier chef-d'œuvre. Dans les plantes j'ai fait de la fleur, destinée à produire le fruit, ce qu'il y a de plus agréable, de plus brillant, de travaillé avec le plus d'art: la Femme sera la fleur du genre humain.

A moi tous les élémens de la beauté, de la grâce, des vertus, de la sensibilité, de la bienfaisance et de la douceur. Arrangez-vous, combinez-vous pour plaire et pour enchanter. Je pouvais créer l'homme à mon image; je n'ai pour la femme de modèle que le beau idéal. Qu'elle soit la plus parfaite des créatures visibles; et, s'il se peut, la plus heureuse. . . .

Que son cœur batte plus vîte que celui de l'homme. Qu'elle vive plus en moins de tems, et cependant que sa carrière aussi soit plus longue; elle sera bonne et secourable jusqu'à son dernier moment. Qu'elle serve à trois générations; qu'elle fasse le bonheur de son amant, de ses enfans, de ses petits enfans encore ; et que dans tous les âges la tendresse qu'elle fera naître soit toujours mêlée de respect. Que des nerfs délicats portent à tous ses sens des affections rapides. Que son pied léger soit propre à la danse, et sa blanche main aux caresses ; qu'elle ne les prodigue, ni à la course, ni à de trop rudes travaux. Que sa taille élégante et ses membres arrondis appellent et peignent la volupté par tous leurs mouvemens ; qu'un doux satin les couvre, et ne puisse être touché sans embrâser le téméraire. Que ses beaux yeux soient le miroir de son âme ; qu'on y lise une indulgente et affectueuse bonté ; que, même en se baissant, ils trahissent ses sentimens secrets. Que son haleine répande le parfum de la pêche ; qu'on en voie le duvet sur ses joues ; qu'un vermillon expressif les colore, et que, dans une tendre pensée, une pudeur ingénue le porte quelquefois jusqu'à son front. Que son sein éblouissant représente les glôbes célestes ; qu'un bouton de rose en soit le pôle aimanté ; qu'il offre au désir sa première jouissance, à l'enfance son premier aliment ; et qu'on ignore à jamais lequel, du père ou du fils, il aura rendu le plus heureux. Que ses longs cheveux ondoyans et bouclés, servent à tant d'appas de voile et de parure ; que l'enfant nouveau-né puisse trouver sous eux un abri ; et quand le hazard, mais surtout quand la tendresse les entr'ouvrira, que son ami voie le ciel ouvert avec eux.

Leves toi, Déesse, dont les charmes émeuvent celui même qui t'a formée. Vas régner sur ton compagnon, qui se croira le maître parce qu'il est le plus fort, et qui n'est le plus fort que pour te mieux défendre et te mieux servir.

Je te donne un besoin, l'amour ; une affaire, l'amour ; un devoir, l'amour ; une récompense, l'amour.

ARIMANE.

J'ai vu ta Déesse ; et j'avoue que j'ai dit : *serait-il possible que cet impitoyable Oromasis eût rendu l'homme qu'il a créé plus heureux que je ne puis l'être, moi qui suis un Dieu !* Mais, déjà profitant de l'imprudence avec laquelle tu la loues, et de l'enthousiasme qu'elle inspire à son amant, j'ai soufflé dans son cœur la vanité, qui, nécessairement, y fera germer la coquetterie.

Aucune femme peut-être ne sera exempte de ces deux défauts ; ou s'il en était une .... Mais ce ne serait plus une femme, et il faudrait plusieurs milliers de siècles pour la trouver.

Les plus vertueuses et les plus fidèles se plairont à l'hommage des feux qu'elles ne voudront pas couronner. Leurs refus même seront engageans ; elles les orneront du nom d'estime et de celui d'amitié. Elles diront, *n'ayez point d'espoir* ; peut-être croiront-elles n'en pas donner ; mais le charme séducteur de leur voix, et l'amour-propre, dont, graces à mes soins, ton homme si parfait sera dévoré, répondront : *il faut espérer encore.* La douceur même de leur caractère, sous prétexte de consolation, leur fera confirmer cette pensée par une suite remarquable de prévenances, d'égards, de petites attentions. Elles tromperont ainsi, soit à dessein, soit involontairement, l'amant qu'elles auront résolu d'éconduire : elles troubleront, et souvent même elles anéantiront le bonheur de celui qu'elles avaient choisi.

Tu leur as donné l'Amour, l'Amour dont je ne puis entendre le nom sans fureur; moi condamné par ma nature au tourment de ne pouvoir ni aimer, ni produire, à la rage de détruire et de haïr : j'ai inventé la jalousie. Tu ne la connais pas, heureux Oromasis! tu n'as plus d'égal! Moi, j'ai trouvé un supérieur dans mon égal même, et l'inextinguible jalousie brûle dans mon cœur. Je distillerai sur l'homme et sur la femme son infernal poison; il sera le fruit de leurs amours moraux que tu vantes avec tant d'emphâse. Les plantes qui attendent les faveurs de l'amour comme celles de la pluie, et à qui tout pistile, toute étamine sont bons, ignorent ce malheur; mais l'animal, et sur-tout l'homme, sauront préférer, et voudront qu'on les préfère.

J'envenimerai chez lui ce sentiment naturel. Je semerai les inquiétudes dans son âme. La jalousie sera clairvoyante ; la justesse de ses observations augmentera sans cesse la douleur de ses conjectures ; elle percera de toutes parts, à coups perpétuellement redoublés, le cœur qu'elle aura une fois atteint. Elle l'agitera entre le désir forcené des combats et la démence du suicide. Elle ne pourra se dissimuler ; ses reproches, en partie fondés, en partie injustes, révolteront la femme qui se croyait innocente, qui voulait l'être ; et le plus souvent ils la rendront coupable. Mais elle ne le serait jamais devenue, si elle n'eût été coquette, et n'aurait jamais badiné avec les piéges de la coquetterie sans la vanité : j'aurai tout fait.

Et je ne te parle que des femmes qui auront conservé une ame honnête, qui seront dignes d'estime, qui gémiront de leur faiblesse, qui regretteront leur colère, qui pleureront avec angoisses le désespoir et la perte du véritable ami de leur cœur. Ce sera dans leurs peines que je te braverai le plus ; j'imprégnerai d'amertume leurs plus doux souvenirs ; je veux qu'elles soient d'autant plus malheureuses que tu avais mis ton plaisir et ta gloire à les rendre capables de la vertu la plus pure, et d'un extrême degré de bonheur.

OROMASIS.

Tu viens de dire le mot de l'énigme du monde.

Par elle même la matière était inerte, et c'était ton vœu qu'elle le demeurât ; c'est d'abord pour cela que tu as ôsé lutter contre moi.

Forcé de me la laisser animer, ton unique ressource a été de profiter de ses propriétés indestructibles pour mêler quelque mal au bien que je ferais. Mais tu n'as pu mettre de mal que là où j'avais placé du bien. Tu n'as pu tourner à la souffrance la faculté de sentir, que parce que je l'avais ouverte à la jouissance et au bonheur ; tu n'as pu inventer le crime et la peine, que parce que j'avais créé le plaisir et la vertu. Esclave, tu tu montres tes fers, en les secouant ; et, dans ta méchanceté, tu sers.

Si tu pouvais faire prédominer le mal ; si tu pouvais seulement le mettre en équilibre avec le bien, tout s'arrêterait, les générations cesseraient, la vie serait détruite, et nous recommencerions à nous disputer le cahos. L'existence et la durée de l'univers sont, et seront, le témoignage éternel de ton infériorité.

Serpent immonde, tu rampes à ma suite, salissant de quelque venin mes ouvrages que tu ne peux entamer. Je pèse dans la balance de ma bonté, la dôse de douleur dont je te permettrai de rehausser le prix des félicités sans nombre que j'ai produites. Elle est en proportion exacte, mais toujours subordonnée, au bien dont je conçois l'idée et la volonté.

Où je ne mets pas de vie, ni de rapport à la vie, tu ne peux rien.

Où je ne donne que peu de vie et de

moralité, tu ne saurais introduire que peu de malheur.

Où je répands avec profusion mes présens; où je place des organes distingués, une sensibilité exquise; une tendresse enivrée, en amitié, en amour; la connaissance, la passion, l'enthousiasme de l'honnêteté et de la vertu; là, dans des corps faciles à émouvoir, et sur des âmes expansives, tu fais aisément des blessures, tu verses facilement ton poison. Ils font souffrir, et la souffrance s'exprime par la plainte. Mais prends en pour juges ceux mêmes que la chose intéresse : consultes tous les êtres vivans sortis de mes mains. Nul ne voudrait perdre une partie de sa vie; et, pour s'affranchir de ses peines, être privé de son bonheur. La plante, dans sa sensation confuse, si elle pouvait concevoir une volonté formelle, n'aurait pas celle d'être pierre. L'animal, plus éclairé, refuserait le sort de la plante. L'homme serait humilié de devenir brute; et l'homme de génie, l'homme énergique et tendre, aimerait mieux mourir que d'être rejetté au dernier rang de son espèce. Chacun cherche plutôt à s'élever ; chacun travaille sans cesse à augmenter ses peines pour accroître ses plaisirs. Souffrir pour jouir, c'est vivre ; et qui a reçu la vie, l'aime, et veut jouir.

Laisses-moi donc perfectionner les êtres que j'en ai rendus susceptibles. L'homme et la femme sont encore neufs, et dans une sorte d'enfance, peut-être à leur âge d'or. Leur espèce doit atteindre plus haut ; il faut que je la conduise par la route des sciences et des arts, aux sociétés politiques, et à la plus grande multiplication possible d'individus jouissans.

ARIMANE.

Tu me prépares une vaste carrière : tes sciences, tes sociétés politiques, ta multiplication du genre humain, amèneront des forfaits et des maux qui ne pourront être envisagés sans frémir.

OROMASIS.

Je le crois Arimane ; elles produiront des

biens inestimables. Nous verrons dans le tems. Je connais ta perversité ; mais je connais aussi les bornes de ton pouvoir. La nature des choses ne me permet pas d'empêcher qu'il n'y ait de la souffrance par-tout où il y aura de la vie ; mais tu n'empêcheras pas davantage qu'il ne s'y trouve encore plus de bonheur, et que la vie elle-même ne soit un bonheur.

PRINCIPES
ET
RECHERCHES
SUR
LA PHILOSOPHIE DE L'UNIVERS.

LETTRE A Mr. ET Mme. LAVOISIER.

Qu'aux yeux de l'amitié la raison se déploie,
Et qu'elle ouvre au bonheur une nouvelle voie !

M. DCCXCII.

PRINCIPES
ET
RECHERCHES
SUR
LA PHILOSOPHIE
DE L'UNIVERS.

LETTRE A Mr. ET Mme. LAVOISIER.

Au Bois-des-Fossés, 22 decembre 1792,
l'An premier de la République.

O combien je voudrais pouvoir, dans tous les sens, contribuer à votre bonheur ! La raison dont vous avez tant, la philosophie morale à laquelle vous êtes si propres, en sont, après l'amour et l'amitié, les plus grands moyens.

Le monde astronomique et géomètrique se mesure, se calcule, se pèse ; on peut arriver à en établir les vérités d'une manière au-dessus de toute contradiction.

Le monde élémentaire et chimique s'analyse, se décompose, se recompose, s'inventorie : on y parvient aux vérités avec beaucoup de certitude, mais non pas égale à celle des géomètres; car il est possible que des effets démontrés soient opérés par plusieurs causes dont quelques-unes nous sont inconnues.

Le monde métaphysique et moral a quelques vérités aussi certaines que celles que l'on appelle physiques, car dans le vrai tout est physique; la métaphysique et la morale le sont aussi : les affections morales sont elles-mêmes des effets physiques. Les loix de la morale qui doivent guider la conduite des hommes sont démontrables et indubitables comme les vérités géomètriques et chimiques. Mais les bases et la disposition générale du monde métaphysique et moral sont peu connues. Il en est des parties impossibles à connaître. Il en est d'abordables. C'est au sein d'un océan brumeux, une chaîne d'Isles que l'on peut suivre, qui sont liées comme toutes les montagnes, ossemens du glôbe, comme tous les archipels. Deux vaisseaux nous ont été donnés pour y prendre terre, en relever les anses et les caps : l'un se nomme *l'Observation* et l'autre *la Pensée-profonde.* Vous êtes des Argonautes accoutumés à leur manœuvre : je m'embarque avec vous.

Qu'il y ait des ÊTRES *intelligens* qui éprouvent des sensations, font des raisonnemens, ont des volontés ; et qu'il y ait aussi des CHOSES *inintelligentes*, uniquement soumises aux loix de la physique, de la chimie et de la mécanique : cela est évident pour nous, comme notre propre existence.

Que des Êtres intelligens aient pu être produits par une cause inintelligente, cela est absurde ; *par Hasard*, c'est un mot imaginé pour voiler l'ignorance. *Il n'y a point de* HASARD : non, pas même dans un coup de dez : et si nous pouvions apprendre comment les dez doivent être placés dans le cornet, combien de secousses il faut leur donner, en quel sens, et avec quelle force, pour amener *sonnés* ou *beset*, nous ferions *beset* ou *sonnés* à volonté : car les dez sont frappés et lancés, tombent et rebondissent, en raison de loix géomètriques et physiques très-sévères. Mais parce que nous ignorons la manière de les jouer, nous supposons, nous croyons, nous disons qu'il y a *du hasard*, et nous calculons même le nombre de nos maladresses comme *des chances de hasard*, quoique ces maladresses ne soient point *des hasards*, mais des effets physiques de causes physiques mises en mouvement par une intelligence peu éclairée.

Que tous les Êtres intelligens aient le pouvoir, plus ou moins étendu, non pas de dénaturer, mais d'arranger, de combiner, de modifier les choses inintelligentes ; c'est ce que prouvent tous nos travaux, et tous ceux des Animaux nos frères.

Les Êtres intelligens sont doués d'une volonté qui nous est manifeste ; et d'une force que nous ne pouvons nier, pour agir sur les corps, même en apparence contre les loix de la statique, de la gravitation et de la mécanique. C'est contre toutes ces loix *connues* que ma volonté, qui n'est point un corps et qui n'a aucun poids, gonfle et raccourcit mes muscles, au point de lever mon bras qui pèse dix livres, et avec mon bras un fardeau d'un quintal. Nous renouvellons à tous les momens cette expérience incompréhensible, et ne pouvons dire autre chose là-dessus, sinon : *Mens agitat molem.*

Mais il est impossible de nous dissimuler que notre intelligence et nos forces, très-éminentes en comparaison de celles d'une Cigale, sont néanmoins extrêmement bornées. Et l'arrangement de l'Univers, ses loix astronomiques, physiques, chimiques, anatomiques ; le développement, l'emploi, tant de notre propre intelligence que de celle des autres animaux, nous montrent clairement qu'il y a quelque INTELLIGENCE *supérieure* qui a pris plaisir à disposer le tout et les détails avec beaucoup de sens et de sagesse ; qui est au moins à la collection des mondes, ce que je suis à l'assemblage de ressorts, de roues, de pignons, que j'ai fabriqués de cuivre et d'acier, dans les proportions qui m'ont paru convenables, pour faire marquer à une aiguille l'heure qu'elle me dit avec une grande exactitude.

Si je suis horloger, moi, avec le peu que j'ai d'esprit, l'immense horloge de l'univers a aussi un horloger.

Qu'est-il ? Je n'en sais rien. Mais je connais de *prime-abord* deux de ses propriétés. Il est *intelligent* et *moteur.*

Et de quoi l'est-il? De ce qui est *mú* et dénué *d'intelligence.*

Il ne serait pas *moteur,* s'il n'y avait quelque chose de *mobile* et de *mú.*

Quand on supposerait plusieurs êtres intelligens qui n'auraient pas été produits par l'intelligence suprême, il suffirait qu'elle leur fût infiniment supérieure pour qu'elle en eût pris le gouvernement, comme nous gouvernons l'intelligence assez étendue des chevaux, des chiens, et même des abeilles, parce que nous en avons une plus étendue encore. Or il est évident qu'il n'y a nulle comparaison entre l'intelligence de l'animal le plus spirituel que nous connaissions, l'homme, et celle que nous remarquons dans la formation des animaux et des mondes depuis leurs parties intégrantes jusqu'à leur ordonnance générale.

Mais tous les faits qu'il nous est possible de vérifier nous font voir, comme le raisonnement et à son appui, que la nature opère toujours par les voies les plus simples, et que les causes supérieures y dominent et y absorbent celles qui ont moins de pouvoir.

Nous sommes donc conduits par des pas assez sûrs à une grande pensée, qui doit être l'expression d'une grande et fondamentale vérité; c'est que la masse entière de l'univers est composée de *deux* ÊTRES : *la Matière* insensible, involontaire, et qui ne peut se mettre en mouvement par elle-même, mais qui peut y être mise : *l'Intelligence* qui a des volontés, des desseins, un pouvoir actif, celui de combiner, de modifier, d'arranger, de régir les élémens indestructibles de *la matière.*

Il y aurait de la pointillerie de mots, à me refuser de donner à *l'Intelligence*, ainsi définie, le nom de DIEU : ne fût-ce que pour la commodité d'exprimer la même idée par une seule syllabe, au lieu d'en employer cinq. Je dirai DIEU à l'avenir ; et nous savons une partie de ce que c'est que DIEU; c'est l'intelligent, le puissant, le raisonnable, le moteur.

Pour être tout cela, pour déployer ces qualités essentielles à sa nature, il a nécessairement besoin de la *Matière*. Qu'ordonnerait-il, qu'arrangerait-il, que mettrait-il en mouvement, s'il n'y avait rien dont il pût disposer, s'il n'avait rien à mouvoir?

Pour former le Monde, ordonné, organisé comme il l'est, la *Matière* a nécessairement besoin de lui. Sans lui elle serait le *Cahos*.

DIEU et la MATIÈRE sont nécessaires et *co-relatifs* : je dirais volontiers *co éternels*, quoique je ne comprenne pas *l'éternité*. Mais je comprends encore moins *la création*. L'éternité est inconcevable; cependant, il faut bien la supposer, ou employée à l'action, ou abandonnée au repos : et l'action est plus raisonnable, plus digne de *l'Intelligence*. La création *de nihilo* est absurde.

La fabrication, la confection, l'organisation, je les comprends très-bien, puisque je suis moi-même fabricateur et organisateur, toutes faibles que soient mon intelligence et mes facultés.

On pourrait dire qu'au-dessus de DIEU et de la MATIÈRE, il y a quelque chose plus difficile encore à concevoir, le quelque chose à qui DIEU et la *Matière* doivent leurs qualités distinctives, leurs propriétés essentielles et indestructibles : ce que les anciens qui ont songé à tout, nommaient le DESTIN, dont JUPITER même, *Deorum hominumque sator*, était obligé de respecter les décrets.

Nous exprimerions ces trois idées, en joignant à un mot que les modernes prononcent sans l'expliquer et sans l'entendre, deux mots très-clairs et pleins de sens de la Philosophie scolastique.

NATURE : le DESTIN qui fixe les propriétés essentielles des deux élémens immenses de l'univers.

NATURA *naturans*, la Nature *naturante*, l'intelligence, la volonté, la puissance active : DIEU.

NATURA *naturata*, la Nature *naturée* : *la* MATIÈRE organisée et formant le monde, selon le plan permis par *la Nature* et déterminé par *l'Intelligence* ou par DIEU.

Cette doctrine antique, et vraie sous un aspect, ne dérange rien à la partie de l'histoire générale de l'univers que je viens d'exposer. Elle en est le complément.

La *Nature* considérée sous le sens de *Fatum*, contraction de *Factum*, ce qui est irrévocablement *fait*, n'est point *un être*, elle n'est qu'*un fait*. Son nom composé de la racine du verbe NA-*ître* et de la terminaison indicative des *fut*-URS, n'est que l'expression énergique et métaphysique de ce *fait*. Elle peint la chose telle qu'elle est NÉE et telle qu'elle SERA dans l'avenir et à jamais. La *Nature* est l'assemblage des propriétés essentielles à chacun des deux ÊTRES, l'*Intelligence* et la *Matière* : propriétés que ni l'une ni l'autre ne se sont données, et qu'elles n'ont pas davantage reçues ; mais qu'elles ont, qui les constituent *naturellement*, qui les font ce qu'elles sont, et dont *l'Intelligence* ou DIEU *dispose*, parce que sa *nature* est

est d'agir et de disposer, sans pouvoir les *dénaturer*, ni les détruire, puisqu'elles ne viennent pas de lui, et que leur *nature* ne le comporte pas.

Ces vérités sont claires, simples, elles s'enchaînent bien, elles font corps; parce qu'elles ne sont point cherchées dans la vaine étude des rêveries et des verbiages des hommes, mais puisées au fonds de l'essence des choses. Rien n'y porte à faux.

Notre ouvrage s'avance. Nous voyons DIEU et LA MATIÈRE; nous avons un petit nombre d'idées nettes, certaines, incontestables, d'eux et de leur *nature*.

Nous connaissons de DIEU son intelligence, son activité, sa puissance; et *les bornes de cette puissance.* Elle s'étend à tout, excepté à *dénaturer la Matière.*

Il n'a pu travailler qu'elle, et sur elle; car il n'y a, et il n'y avait qu'elle et lui. Il n'a pu former d'autres *Étres* qu'en élaborant cette *matière*, son unique compagne, et lui empruntant. Voyons ce qu'il en a fait; regardons ses œuvres; nous trouverons sa *bonté*; et aussi les *bornes involontaires*, malheureusement *nécessaires de cette bonté.*

Ces bornes sont l'inaptitude de la Matière à être modifiée, même par l'intelligence divine, en *Êtres*, aussi actifs, aussi intelligens, aussi *bons*, partant aussi heureux que l'est DIEU. La *Matière* et sa *Nature*, ou ses imperfections, ou son imperfectibilité, ou les limites de sa perfectibilité, sont le véritable et le seul ARIMANE, impossible à bannir de l'univers organisé, puisqu'il entre nécessairement dans la composition de tout ce qui n'est pas DIEU.

Co-Principe de tout, c'est la *Matière* dont les propriétés invincibles ont forcé DIEU de laisser ou de faire entrer, dans le monde *physico-moral*, des défauts et des souffrances, très-inférieurs néanmoins, d'abord quant au nombre, et même, quoiqu'on en dise, pour l'intensité, aux trésors de jouissances et de vertus que sa généreuse sagesse y a prodigués.

La Matière n'a ni vie, ni mort, ni sensibilité, ni volonté.

DIEU a vie et volonté. Il n'est pas susceptible de mort, puisqu'il est indestructible.

Il ne peut avoir de sensibilité douloureuse; car qui le blesserait, lui qui seul a par lui-même l'*intelligence* et *le pouvoir ?* Mais il prend du plaisir, un plaisir pur et céleste à faire et à bien faire ; la preuve en est qu'il fait sans cesse, et qu'il fait bien : ce à quoi rien ne le pourrait obliger, s'il ne le voulait pas.

Ou il a trouvé dans *la matière* l'attraction, la gravitation, ou il les lui a données, peu importe; il s'en est servi pour fixer à leur place les différens systêmes solaires ; pour tenir cet amas de mondes innombrables en équilibre au sein de l'espace, sans qu'aucun d'eux dérangeât son voisin ; et pour déterminer dans l'intérieur de chacun de ces systêmes, en y combinant cette *attraction* avec *l'impulsion* qu'il leur a imprimée (3), les rapports et les mouvemens du

(3) Aucun systême solaire et planètaire ne pourrait marcher avec les seules forces qui semblent attachées à la MATIÈRE, telles que *l'attraction* ou la *gravitation*. Il y faut nécessairement aussi l'usage, au moins primitif, il y faut même l'emploi ininterrompu du Pouvoir *impulsif*, qui, bien observé dans la nature, n'y paraît appartenir qu'à L'INTELLIGENCE.

Prétendre expliquer les phénomènes de l'Astronomie uniquement

globe incandescent et des glôbes terraquées, Planètes et Satellites de Planètes, dont tout Soleil est environné.

---

par *l'attraction*, c'est vouloir n'écrire que la moitié de leur histoire.

Sans *l'impulsion*, toutes les Planètes tomberaient dans leur Soleil.

L'impulsion tendant sans cesse à les en faire éloigner par la tangente de leur orbite, et l'attraction les rappelant toujours vers son centre, c'est la combinaison de ces deux Puissances qui force la Planète à parcourir cet orbite.

S'il n'y avait qu'un Soleil et qu'une Planète, l'orbite de celle-ci serait nécessairement circulaire; et il faudrait encore que l'impulsion y fût soutenue dans son équilibre avec l'attraction pour que la Planète se maintînt à la même distance, et pour empêcher qu'elle ne continuât à s'éloigner par une spirale immense, si l'impulsion était la force dominante, ou qu'elle ne se précipitât dans son Soleil par une autre spirale, si c'était l'attraction qui eût plus de pouvoir.

D'autres causes qui tiennent vraisemblablement au nombre des Planètes, et à l'influence des différens systêmes solaires les uns sur les autres, peut-être même à un enchaînement que les Comètes entretiendraient entre ces divers systêmes, font parcourir aux Planètes un orbite elliptique, bien plus favorable aux alternatives de chaleur et de froid, d'où résultent la plupart des mouvemens chimiques qui, influant sur la vie végétale et animale, entretiennent l'une et l'autre en activité.

Les Géomètres modernes ont calculé que, en supposant les Planètes dans un vuide absolu, l'accélération du mouvement qu'elles acquièrent, par leur attraction même, en revenant de leur *aphélie* à leur *périhélie*, suffirait pour les lancer au-delà de celui-ci, jusqu'à ce que, par un ralentissement progressif, elles atteignissent de nouveau leur aphélie; d'où la force actractive, commençant à dominer un peu l'impulsive, les ramènerait encore

Nous ignorons, et nous ne pouvons savoir, si ces masses énormes ne sont pas douées

---

au périhélie, et perpétuerait ainsi leur marche, selon les règles de l'oscillation d'un pendule.

Mais cette géométrie exacte, applicable au vuide absolu, et qui n'empêcherait point qu'il ne fallût chercher au sein de DIEU, dans sa puissante INTELLIGENCE, la première force *impulsive*, porte ici sur une hypothèse dénuée de réalité.

Notre maître en ces hautes sciences, le sublime NEWTON, n'a pas négligé de remarquer que les Planètes se meuvent dans le fluide de la lumière; et que ce fluide, à quelque degré qu'il soit subtil, leur oppose nécessairement une résistance quelconque, qui épuiserait progressivement la force impulsive, ferait dominer enfin l'attraction, et rappellerait toutes les Planètes au Soleil par la spirale, si l'impulsion n'était pas perpétuellement entretenue, et renouvellée en quantité suffisante pour vaincre l'obstacle que la lumière ne peut manquer de mettre à la marche des corps célestes. NEWTON en conclut qu'il faut donc absolument que DIEU ranime sans cesse la course majestueuse des mondes par son intarissable activité, qu'il y porte, sans interruption, une main protectrice et savante, ou, comme s'exprime ce grand homme, *manum emendatricem*.

C'est ce qui a fait dire à VOLTAIRE qu'un vicaire de paroisse exposait quelquefois les ignorans à douter de DIEU; mais que NEWTON *le démontre aux sages*.

On dit que parmi les élèves de NEWTON, il en est qui ont abandonné ce point de sa doctrine. J'ai peine à croire qu'ils soient plus grands géomètres que lui. Et j'ose assurer que, malgré leur mérite, auquel je rends justice, ils ne sont pas encore assez grands physiciens, ni assez profonds métaphysiciens; qu'ils n'ont pas porté, sur la nature des choses, et sur l'enchaînement logique des idées, une attention assez sévère, assez scrupuleusement observatrice.

de vie, si chaque glôbe n'est pas un très-gros animal, dont les habitans, de toute espèce, ne sont que les insectes qui s'en nourrissent. La chose n'est pas impossible; elle ne répugne point à la raison; elle n'est pas au-dessous, ni au-dessus de la grandeur et de la bonté de Dieu, et de la richesse de l'Univers.

Soit que les élémens de chaque glôbe renfermassent en eux-mêmes les loix de cohésion, de concrétion, d'oxidation, (4) de

(4) *L'oxidation* est l'effet qu'éprouvent les métaux, les pierres, les matières végétales et animales, quand, par le contact avec l'air libre, ou avec l'eau, ou par l'action du feu, ou par tout autre moyen, le principe générateur des acides que les chimistes modernes nomment *oxigène*, les pénètre, augmente leur poids, et sépare leurs parties. Toutes les chaux métalliques sont des *oxides :* la couleur noire que prennent les quartiers d'un fruit qui vient d'être coupé, est l'effet d'une *oxidation ;* la rouille plus ou moins forte qui attaque le couteau dont on s'est servi en est une autre.

On ne peut rien entendre à l'Histoire naturelle sans la Chimie moderne, inventée par LAVOISIER, et qui, par son travail, par celui de *Berthollet* et de quelques autres hommes justement célèbres, a fait si rapidement de si grands progrès, a levé le voile dont la nature couvrait les élémens et les combinaisons des corps. Il est impossible de parler, ni d'écrire sur ces matières importantes avec bon-sens, avec simplicité, avec justesse, sans employer leur langage, dont on n'explique ici quelques mots que pour les lecteurs qui n'ont pas eu le tems ou l'occasion de se livrer à l'étude des sciences naturelles.

fermentation, de dissolution, de condensation, de dilatation, de vaporisation, d'affinités et de combinaison, que les savans y connaissent et y découvrent; soit que ces loix résultent des modifications que DIEU a pu donner à la *matière;* elles y sont; et il en a fait usage en telle sorte que l'absorbtion, tantôt plus, et tantôt moins grande, de *calorique* (5) qui est pour les glôbes subordonnés l'effet de leur mouvement planètaire, fit éprouver aux corps inanimés toutes les variations, tous les phénomènes qui les rendent propres à entretenir, à renouveller sans cesse la vie des *étres* animés.

Les ÊTRES *animés!* C'est en eux que l'on reconnaît le plus évidemment le sceau de l'INTELLIGENCE ou du DIEU qui les forma. Il est impossible de les observer sans se pénétrer pour *elle*, pour LUI, du respect qui lui est dû, et de l'amour que mérite sa bonté.

Il les a tous fait participer à la vie, aux

(5) C'est le nom que la chimie moderne donne à la *matière de la chaleur.*

sensations, aux jouissances. Il a élevé un nombre immense d'entr'eux, à l'intelligence, à la liberté, à la moralité : quelques-uns même, jusqu'à concevoir de lui une idée, et à éprouver pour lui un sentiment filial. Mais n'ayant pu les organiser qu'avec de la matière, il a fallu que les sensations et les pensées n'arrivassent à leur faculté sensitive et pensante que par un chemin matériel, et que cette émanation divine qui les rend intermédiaires entre la matière et Dieu, fut, en quelque façon, dépendante de leurs organes, plus ou moins parfaits. C'est ainsi qu'un homme, enfermé dans une chambre, n'y peut recevoir de lumière que par les fenêtres dont elle est pourvue ; quoi qu'ayant de bons yeux, il serait privé de l'avantage de voir, si les volets étaient exactement fermés ; il n'en jouirait qu'en partie, si le jour ne pouvait pénétrer dans sa prison que par des fentes peu considérables, ou par des soupiraux étroits.

La matière qui entre dans la composition de ces organes, si utiles aux êtres animés, n'a pu être soustraite aux loix qui la gouvernent dans les autres corps. Il a fallu que les fibres des plantes se durcissant et se desséchant; que les artères, les veines, les muscles des animaux se cartilaginant; que leurs cartilages s'ossifiant; que ces instrumens de la vie végétale et animale se *carbonant* (6) par leur usage même, ne

---

(6) La *carbonisation* est un des changemens produits dans les matières végétales ou animales, par un commencement de combustion qui, en combinant l'oxigène de l'air vital avec leurs principes constituans, et les volatilisant dans l'état aëriforme, laisse plus ou moins à nud la substance propre à être réduite en charbon, et que les Chimistes modernes ont appelée le *carbone* : substance qui est un des principaux élémens des corps des animaux et des végétaux.

LAVOISIER a démontré que la respiration de tous les animaux opère dans leur sein une véritable *combustion*, sans cesse renouvellée, de l'*oxigène* ou air vital, compris pour environ un quart, dans l'air atmosphérique que leurs poulmons ont pompé, et d'une matière animale qui s'est consumée avec cet air. Il paraît que c'est le sang qui partage de la manière la plus marquée dans le poulmon, la *combustion* qui s'y fait de l'air vital.

Ce sont cette combustion de l'oxigène et du sang, la chaleur qui en résulte, le mouvement qu'elle perpétue, qui entretiennent toutes les fonctions animales.

Un animal est une lampe, dont *l'oxigène*, qu'attire chaque gonflement du poulmon, est l'huile. La mèche est fournie par le sang, renouvellé lui-même par les alimens, par la chilification, par le travail du cœur. Vivre est la manière de briller de cette belle lampe. Mais tous les organes qui servent de fourneaux, de vases, de récipiens à la combustion qu'elle éprouve, et à ses

pussent le continuer que pendant un tems donné ; qu'ils perdissent, par une progression plus ou moins lente, la flexibilité nécessaire au mouvement des fluides, à la respiration, à la combustion, à la formation, à la séparation, à la distribution, à la transpiration des différens gaz qui les alimentent ; que la vie se dévorât elle-même ; qu'elle appelât la mort ; que la mort en devînt une époque déterminée, une conséquence inévitable.

---

produits, ou qui participent à son influence, étant eux-mêmes susceptibles d'incendie, se *carbonent* progressivement par la suite de son action.

Chacun sait que les os sont une matière calcaire. Chez les vieillards, elle est presque pure, et leurs os deviennent d'une grande dureté. Chez les enfans, elle est, au contraire, mêlée de beaucoup de mucilage, et leurs os sont tendres.

L'ossification des cartilages et des aponévroses, le desséchement de la peau, la consistance coriace que prennent tous les tégumens intérieurs, les chairs, les vaisseaux sanguins et lymphatiques, et qui rendent les mouvemens des personnes d'un âge avancé moins souples et moins faciles que ceux des jeunes gens, sont l'effet de la même *carbonisation*, qui, portée à son dernier terme, arrête la circulation et l'excrétion des fluides par l'inflexibilité des solides, et nécessite la mort des animaux.

Les plantes éprouvent dans leurs fibres, dans les trachées et les canaux qui absorbent les sucs nourriciers et conduisent la sève, un phénomène pareil.

Mais n'ayant pu rendre les individus immortels, ce qui l'aurait empêché d'en multiplier le nombre, et aurait mis l'Univers dans une sorte d'oisiveté et de stagnation, *Dieu* a rendu les espèces éternelles. Il a tiré de la nécessité même de marquer un terme aux jours des êtres animés, le charme le plus doux, le bienfait le plus grand qui accompagnent leur existence. *A la* MORT, il a *opposé* L'AMOUR, qu'il aurait été impossible d'accorder à des créatures, dont la vie aurait toujours duré; car la matière n'aurait pu suffire à leur organisation, si des individus immortels avaient eu la faculté de se multiplier à l'infini. Et cet amour, compensation si heureuse et si avantageuse de la mort, il l'a rendu toujours plus tendre, plus moral, plus voluptueux dans chaque espèce, et même pour chaque individu, en raison de ce que leur *animation* est plus développée, et de ce que plus d'intelligence leur a donné plus de *séïté*, de connaissance et d'estime d'eux-mêmes, de lumières sur l'obligation de mourir. Ce don céleste, et ses trois branches, l'amour filial, l'amour conjugal, l'amour paternel, dont les rameaux, les fleurs, les fruits, couvrent depuis l'enfance jusqu'à la caducité, répandent sur nous un tel bonheur, que nul être digne d'en savourer les plaisirs ne voudrait d'une vie dont ils seraient bannis.

Honneur, gloire et reconnaissance au DIEU *très-bon*, *très-grand*, qui inventa pour ses créatures une telle félicité, que lui-même, qui n'a point de pair, ne saurait éprouver, et que l'espèce d'amour dont il est susceptible, le plaisir qu'il prend à vivifier perpétuellement la matière, n'égale peut-être pas!

Honneur, gloire et reconnaissance à la sublime et bienfaisante pensée, qui, au lieu de faire des animaux, d'égoïstes *androgynes*, a, dans tout leur règne, partagé le pouvoir générateur entre deux individus, et qui, douant leur réunion du plus puissant attrait, en a fait le germe le plus fécond de tous les secours réciproques et de tous les sentimens de bonté!

Honneur, gloire et reconnaissance à DIEU,

et génuflexion, prosternation, adoration de la part de l'homme, qu'il a constitué propre à l'amour dans toutes les saisons, et dont il a étendu la perfectibilité par une longue et débile enfance qui le rend plus cher à ses parens, et qui est cause que son espèce naissant en famille, vivant en société, ajoute sans cesse à ses lumières celles des générations qui ont précédé son existence !

Jamais l'homme n'a erré solitaire dans les bois, abandonnant la femelle qui venait de le rendre heureux, comme l'ont prétendu l'insensé *Hobbes*, et cet éloquent menteur *Jean-Jacques*, qui, cependant, aimait la vérité. L'homme, après avoir joui, n'était pas si dénué du besoin de jouir encore; quand l'amour n'est point corrompu, chaque faveur qu'il obtient lui en fait désirer une nouvelle. L'intelligence humaine a toujours compris l'utilité de l'assistance dans le travail; et l'affection, si naturellement redoublée par le plaisir, l'a toujours plus vivement portée à cette assistance mutuelle. Elle a toujours établi entre l'homme et sa compagne un commerce de pensées, de soins, d'attentions et de services, une volupté de l'âme, qui les a ramenés avec plus de délices à la volupté des sens.

Leur premier enfant est né à la suite d'une chaîne heureuse et non interrompue de travaux exécutés en commun, et de caresses qui en ont été, à chaque heure du jour, le doux salaire. Il leur en a rendu la continuation plus nécessaire et plus attendrissante. Il avait encore un indispensable besoin de secours, quand l'Amour et la Nature lui ont donné un frère. Et c'est ainsi que le père et la mère ayant toujours un enfant à la main, un autre au berceau, un troisième livré à des jeux innocens, les premiers nés se sont trouvés des hommes, des femmes, des amans, secondant avec puissance les chefs de la famille, tandis que les derniers étaient encore à la mamelle. C'est ainsi que, dans les commencemens du monde, ou de la population de chaque pays, tout ménage est devenu une famille, et toute famille un peuple, s'aimant, s'entre-aidant, s'éclairant dans une telle progression, que les autres animaux n'ont pu disputer la terre à un animal, que tant de besoins, tant d'esprit, tant d'amour, rendaient si habile.

Vous me pardonnerez, mes amis, si, dans le Temple de l'Eternel, j'ai fait une station longue à l'Autel de l'Amour. Que celui qui pourra le nommer, sans le chanter, me blâme !

Cette noble et douce condition de toute vie passagère est sans doute le plus beau présent qu'un Dieu pût faire à des créatures. Il paye d'avance, et avec usure, la mort qui le suit. Mais il n'est pas le seul trésor qui enrichisse la vie des animaux, et surtout de l'homme, et qui soit lié à la nécessité de mourir.

De ce que les êtres animés ne sont pas immortels, de ce que leur vie ne s'entretient pas d'elle-même, il en résulte qu'ils sont obligés de la soutenir par des alimens, et de la préserver des accidens qui pourraient en précipiter la fin. De-là naît le travail, ce puissant antidote de l'ennui; et du besoin de travailler naît celui d'étudier et de connaître. Si toutes les félicités du cœur sont filles de l'amour, et de l'amitié qui n'est qu'un autre amour, toutes les jouissances de l'esprit, toutes les sciences, le sont de l'obligation de manger, de boire, de se loger, de se vêtir, de s'armer, afin de conserver sa vie. Un aiguillon puissant a été donné pour hâter les efforts du travail ; un bâton secourable, pour prévenir, dans sa marche, les méprises et les erreurs trop funestes. C'est la seconde branche de la faculté de sentir ; c'est la sœur du Plaisir ; c'est une Déesse protectrice, qui ne fait que des ingrats ; c'est la *Douleur*, tant calomniée et si utile, qui rend chaque jour les plus importans services. Les animaux en sont cuirassés : Vedette fidelle de la vie, elle avertit de tout excès, elle sonne l'alarme à tout péril, elle appelle l'esprit au secours du corps, elle force la prudence et la réflexion d'assister le courage.

Que l'on suppose un être animé, autre que Dieu, qui soit sensible au plaisir, et ne le soit pas à la douleur, ce sera une absurdité qu'on aura supposée. S'il n'était pas sensible à l'écorchure, comment le serait-il aux titillations de la volupté ?

Que l'on suppose un être que la piqûre n'avertisse

n'avertisse point, il sera transpercé; que la brûlure n'émeuve point, il sera incendié; que le choc ne blesse point, il sera écrâsé; il ne pourrait faire un pas sans rencontrer la mort. La douleur la lui fait éviter ou combattre. Cette laide, mais bonne amie, repousse naturellement l'ennemie impitoyable et cruelle, jusqu'à ce que l'être sensible et protégé ait épuisé toutes les jouissances de la vie, qu'il cesse d'y être propre, et que la force et le plaisir lui manquant, il n'ait plus que la fin de son existence à désirer.

Et quand la douleur ne peut faire reculer la mort, elle cesse et s'évanouit devant elle. Telle est la bonté intarissable du Dieu *animateur,* que cette mort qu'il a rendue effrayante, afin que nous employassions notre intelligence à défendre et prolonger notre vie, pour nos amis, pour notre espèce, pour l'utilité générale comme pour la nôtre particulière, que cette mort si redoutée n'est jamais un événement douloureux : son approche seule fait de la peine, et n'en fait que tant qu'on peut lui résister. Sa réalité n'est rien. Je suis mort deux fois, une de la petite vérole, une noyé. Ayant étudié la Médecine et l'ayant exercée, j'ai eu le chagrin toujours horripilant de voir mourir ; dès que la maladie devient mortelle, même dans les blessures, où le danger vraiment imminent commence, la stupeur s'établit ; il n'y a plus que les assistans qui souffrent. Tant que le malade ressent de la douleur, il reste quelque espérance. Deux seules maladies paraissent faire exception, et bien observées cependant confirment cette théorie. Ce sont la Phtysie et la Gangrène, dans lesquelles la connaissance subsiste longtems après que la mort est devenue inévitable, et dure presque jusqu'au dernier moment. Mais ni l'une, ni l'autre ne sont douloureuses ; et dans l'une, et dans l'autre, le malade conserve de l'espoir ; il fait des projets pour sa convalescence jusqu'à la fin.

C'est encore un don céleste du Créateur, et qu'il n'a refusé à aucun des êtres intelligens, que ce besoin et cette faculté de faire des projets et de s'en éblouir soi-même ; cet aimable jeu de l'imagination, cette illusion séduisante, cette consolatrice nommée l'*Espérance*, dont on n'est jamais entièrement abandonné : capitaliste opulente et généreuse, elle prête au malheur présent sur le bonheur à venir, et si noblement, et avec tant de grâces que l'on croit malgré soi l'hypothèque bonne.

Qu'on me dise que dans cette suite de phénomènes, dont l'empressement où je suis d'arriver au but de mon travail, ne me permet d'énoncer que la moindre partie; que, dans ces sages et inviolables loix, le sceau d'une souveraine bonté ne soit pas imprimé par une souveraine Intelligence! Qu'on me dise qu'il ne faut voir à sa place que cette bêtise inconcevable à ceux même qui la prononcent, et qu'ils appellent *le Hasard!*... Non, ce ne seront pas des Philosophes logiciens, sensibles, aimans, et bons eux-mêmes, qui me diront cela.

J'oubliais le complément des bienfaits de Dieu, sa plus belle, sa plus profonde, sa plus paternelle pensée, après celle qui forma les sexes et produisit l'amour; j'oubliais la marchandise précieuse qu'il s'est réservée pour remplir, dans la balance des biens départis aux Êtres vivans, le bassin qui se trouverait trop léger ; j'oubliais la riche monnaie qui solde les comptes, qui bannit de l'univers le droit d'aînesse, qui égalise les lots et les sorts entre les enfans du TRÈS-HAUT.

Dieu ne pouvait rendre exactement égaux ni les êtres animés des diverses espèces, ni dans chaque espèce les individus.

Souvenons-nous qu'il n'avait rien autre chose que la matière à gouverner ; que son Chef-d'œuvre fut d'en tirer des *Êtres* qu'il pût douer d'intelligence et de la faculté de jouir. Plus il étendit cette faculté sur un plus grand nombre d'*Êtres*, et plus il fut bienfaisant ; celui qui pour un intérêt personnel, vraisemblablement très-mal entendu, voudrait que d'autres espèces n'existassent point, ne raisonnerait pas en bon enfant de la grande famille de l'univers, et risquerait de se tromper dans l'arrêt de proscription que prononcerait son égoïsme. DIEU a dû vouloir la multitude et la plus grande multitude. Mais elle n'a pu avoir lieu dans une matière fort bornée et très-réfractaire qu'à la charge d'une perpétuelle transformation de la matière inanimée en végétaux, de végétaux en animaux, d'animaux les uns dans les autres, avec retour de ceux-ci à la matière inanimée, pour recommencer le cercle d'activité qui donne la vie au monde. Il a fallu pour cela que les espèces fussent diverses et partant inégales en moyens, en organes, en capacité; dans un état de travail, de guerre partielle, et cependant de secours, ou au moins d'utilité générale.

Les individus de chaque espèce n'ont pas pu avoir entre eux plus d'égalité. La matière des corps animés, en tout pareille à la matière des corps dénués de vie, a été indispensablement soumise à tous les mêmes accidens, à toutes les mêmes influences réciproques, physiques et chimiques; de sorte que chaque circonstance variée de la conception, de la gestation, de l'éducation, produit, quoique dans la même espèce, quoique de la même race, quoique du même père et de la même mère, des organes qui, malgré leurs rapports généraux, différentient et par conséquent inégalisent les individus. C'est ainsi que chaque famille a des similitudes très-grandes qui la font reconnaître, et chacun de ses membres des variétés qui le distinguent. C'est ainsi qu'il est impossible de confondre un chêne avec un pommier; mais qu'il n'y a pas un chêne dont les branches soient disposées précisément de la même manière que celles d'un autre, ni sur le même chêne pas deux feuilles exactement semblables, quoique toutes portant avec évidence les caractères de la feuille de chêne.

Cependant tous ces Êtres divers et nécessairement inégaux, sont également des enfans du *grand Être* : ils ont tous un droit égal à sa bonté, lorsqu'ils ne se rendent pas dignes de punition par le mauvais usage de leur intelligence. Comment leur en a-t-il départi les dons?

Premièrement, en bornant leurs désirs aux choses qu'ils peuvent connaître.

Secondement, et sur-tout, en les imprégnant tous d'un sentiment de leur perfection qui leur fait priser leur espèce plus que les autres espèces, et leur individu plus que les autres individus.

Cet amour-propre, ce don singulier du

Ciel, est une illusion sans doute; mais le contentement de soi-même qu'il procure n'est pas illusoire; il donne un bonheur très-véritable. Car, en quoi peut réellement se plaindre de la Nature, ou du Créateur, celui qui, non-seulement ne voudrait pas être d'une autre espèce que la sienne, mais qui dans son espèce encore, ne voudrait pas changer entièrement avec ceux même de ses semblables dont il est jaloux, et refuserait ce qu'il croit leur bonheur, s'il fallait en même-tems renoncer à être *lui*, et prendre leurs imperfections, leurs infirmités, ou leurs défauts.

Hé bien ! il n'y a pas un être animé qui ne soit dans ce cas. Nous verrons plus bas comment quelques-uns d'entr'eux sont susceptibles d'un degré de peine qui leur fasse quelquefois désirer la mort. Nul ne peut arriver jusques à désirer sa *dénaturalisation* totale, sa transformation complette en un être quel qu'il soit, autre que lui-même. Et même quand on est mécontent de soi, même quand on veut se corriger, c'est *soi* que l'on veut corriger; c'est à *soi* qu'on veut ajouter quelque perfection ; on veut être meilleur, ou plus heureux, non pas autre.

Vous connaissez la charmante fable de *Voltaire*, dans laquelle les Souris, les Dindons, les Canards, l'Ane, l'Homme, l'Ange ont tous des raisons excellentes de croire que leur espèce est la plus parfaite, et que tout a été fait pour eux.

Dieu leur répond :

« Rien ne fut fait pour vous ; j'ai tout fait pour moi seul ».

C'est-là que *Voltaire* commence à s'égarer, et à montrer que si sa riante et chaude imagination était capable de tout peindre, ses reins n'avaient pas la force de porter jusqu'à terme une vérité philosophique de quelque gravité. Dieu devait dire :

« J'ai tout fait pour moi-même, en faisant tout pour vous ».

Il a fait pour lui-même, certainement, puisqu'il a pris plaisir à faire; mais il a fait avec une inexprimable bonté pour tous les êtres animés. Il les a tous comblés de jouissances très-réelles et très-douces, qu'il n'a pu rendre égales en intensité ; puis il a couvert les inégalités par une heureuse illusion qui fait que chacun d'eux, sans être insensible aux peines qu'il éprouve, ni totalement ignorant de ses défauts, est cependant, en masse, assez content de lui-même et de son sort.

Ne m'en croyez pas sur ma parole. Interrogez votre cœur. Vous avez dans le monde peu de mortels à qui vous comparer; mais prenons-les à la rive des plus grands, de ceux qui laissent loin derrière eux presque tous les autres humains.

Voudriez-vous être *Voltaire*, avec son esprit, les charmes de son style, son talent très-brillant et presque universel; et sa légèreté, sa frivolité, son défaut de profondeur, son irascibilité, son peu de moralité?

Voudriez-vous être *Jean-Jacques*, avec son éloquence, ses idées originales et fortes, ses passions énergiques; et sa susceptibilité, son orgueil indomptable, son ingratitude raisonnée, ses torts envers Madame de *Warens*, et la honte persévérante d'avoir mis ses cinq enfans à l'hôpital, ou seulement sa calomnie contre une pauvre servante pour le petit ruban rose broché d'argent ?

Voudriez-vous être *Frédéric II* de Prusse, avec sa gloire, sa capacité, son activité, ses trésors, ses légions; et sa froideur égoïste, ses goûts anti-physiques, son horrible mot de l'*orange, dont on presse le jus, et dont on jette l'écorce*, sa cruauté despotique envers *Trenck* et envers tous ses autres prisonniers d'état ?

Enfin, mes chers enfans, mon ami, ma fille, voudriez-vous être *Newton* lui-même, avec son génie et ses découvertes, et ses lumières; et leur *deficit*, et son apocalypse, et sa privation totale du physique et du moral de l'amour, et la douleur de n'avoir jamais été, de n'avoir jamais pu être l'un à l'autre ?

C'est ainsi qu'on se compare, en se prenant tout entier; non en faisant un monstre, ou une *Déïté* hors de la nature, avec l'esprit de l'un, le cœur de l'autre, la figure de celui-ci, le tempérament de celui-là, et la fortune d'un cinquième. La *Vénus d'Appelle* n'a point existé, et ne peut pas exister.

Chacune des Grecques qui lui servirent de modèles, avait sujet d'être très-contente des charmes pour lesquels son amant l'adorait : elle avait de puissantes raisons pour se trouver, *sans vanité*, plus belle que toutes ses compagnes ; et aucune d'elles n'y a manqué.

Voilà le monde. Voilà quels sont ses élémens ; voilà les bases physiques sur lesquelles la morale est assise ; voilà les œuvres du GRAND BIENFAITEUR. Faisons quelques pas de plus ; tâchons d'apprendre comment il les administre et les gouverne.

Les *végétaux* qui n'ont que des sensations et peu ou point d'intelligence, remplissent leur destination, non pas tout-à-fait aussi passivement que les élémens dénués de vie ; mais cependant par un mouvement que nous avons lieu de croire irraisonné. Un attrait confus pousse leurs organes à la nutrition, à la croissance, à la génération ; une douleur obtuse accompagne leurs blessures et leurs maladies.

Nous avons dans le règne animal plusieurs exemples de cette espèce de vie. Le *Fœtus* végète et croît au sein de sa mère, précisément à la manière des plantes. Il a comme elles une sorte de feuille séminale, le *placenta*, et de racine, l'*ombilic*. Cette existence végétale emploie, à peu-près, chez l'homme, la centième partie de la durée totale qui lui est donnée. Il y acquiert environ le cinquième de la hauteur, et le vingtième de la masse qu'il doit avoir un jour. C'est encore ainsi que nous dormons, que nous nous éveillons, que nous digérons; que notre peau, nos fluides et presque toutes les parties molles de notre corps se renouvellent; que nos vaisseaux, nos muscles, nos cartilages, nos os se durcissent et augmentent de poids; que nos membres dans l'enfance et la jeunesse, nos cheveux, notre barbe, nos ongles, toute notre vie, prennent de l'accroissement. Ces fonctions *végéto-animales* ne demandent point de notre part une action réfléchie; nos organes s'en occupent indépendamment de notre volonté; à raison de leur construction mécanique, de leurs combinaisons chimiques, et du principe actif qui les met en mouvement. Ils éprouvent un *bien-être* quand l'opération marche avec facilité, un *malaise* lorsqu'elle est dérangée, qui nous font même plus d'impression que ne peuvent faire aux plantes les sensations analogues; car notre faculté de sentir est plus énergique; elle éveille notre intelligence, qui ensuite réagit sur elle et la redouble.

Il ne paraît pas que les plantes aient de véritables *volontés;* ni par conséquent qu'elles puissent avoir de *moralité.*

Les *animaux* ont, outre la vie végétale qui leur est commune avec les plantes, une intelligence, une volonté, des facultés disponibles au gré de cette volonté qu'éclaire leur intelligence.

Cette réunion d'intelligence, de volonté et de facultés disponibles, est ce qui constitue l'*animalité;* et ce qui lui donne une *liberté* et une *moralité* plus ou moins étendues, selon l'éminence ou les bornes de l'intelligence qui en est la source.

Quelques philosophes se refusent à reconnaître la *liberté* dans l'usage des facultés disponibles, dans l'exercice de la volonté, dans l'emploi de l'intelligence, *parce que*, disent-ils, *l'intelligence détermine toujours la volonté par* DES MOTIFS. Mais l'absurdité serait UNE INTELLIGENCE *qui se déterminerait* SANS MOTIFS; car alors elle ne serait pas *intelligence*; ou *contre les motifs*, car elle serait *folie*. L'intelligence consiste dans le pouvoir d'examiner et de peser *les motifs*. Il y a *liberté*, chez tout être qui DÉLIBÈRE et ne se décide pas sans examen : il y a *sagesse* chez tout être qui préfère le bonheur durable ou éloigné, à la jouissance présente et momentanée : il y a *moralité* chez tout être capable de chercher et de trouver son bonheur dans celui des autres.

De ce que l'intelligence bien employée a la faculté et la liberté de s'éclairer elle-même, et de choisir sagement, il s'ensuit qu'elle peut aussi être mal ou négligemment employée, se tromper et faire de mauvais choix. Quand elle guide la volonté d'après le bon motif, elle *mérite*, et obtient récompense : quand elle se laisse séduire par le mauvais, elle *démérite*, et s'attire punition.

Cet enchaînement de causes et de conséquences morales ne se borne point à l'homme ; il s'étend à tous les autres animaux, en proportion de leur intelligence.

L'huître océanique placée sur un rivage ou un rocher que la mer couvre et découvre alternativement, si elle s'ouvre pendant que la mer est basse, perd son eau, pâtit, périt quelquefois victime de son imprudence. Celles qui en échappent comprennent qu'il ne leur est bon de faire jouer leur coquille que lorsque la mer est haute ; et par cet usage de leur intelligence, elles conservent leur santé, fortifient leur constitution, et prolongent leur vie. Il en est même qui, à force de réfléchir dans leur maison solitaire sur le petit nombre de faits qu'elles sont à portée d'observer, apprennent à marcher vers la mer profonde, et à éviter ainsi le jeûne et le danger auxquels les expose la basse-mer. Elles emploient pour cela deux moyens. Elles se servent du premier lorsque la mer *étale*, et après que le montant cessant de les porter, a tourné le large de leur coquille vers le rivage, laissant la charnière du côté du bassin. Elles s'ouvrent alors autant qu'elles le peuvent, et se refermant avec précipitation, elles repoussent fortement la colonne d'eau, de sorte que le recul leur fait faire un saut d'environ huit pouces, plus grand si elles sont aidées par la pente du terrain. Elles répètent jusqu'à dix ou douze fois cette manœuvre pendant la haute mer. Lorsque la mer redescend, elles se contentent de s'ouvrir, afin que leur coquille levée, résistant au reflux, les fasse entraîner sans fatigue par le courant qu'il établit. Si elles négligent ces deux travaux, elles restent sans améliorer leur sort, dans l'état heureux ou misérable où la nature les a placées : comme font aussi la plûpart des huîtres de la Méditérannée, et dans l'Océan même, celles qui trop engagées au milieu des rochers, ou des madrépores, ou des paletuviers, sont plus ou moins privées des occasions de s'instruire, et ne savent que s'ouvrir et se fermer, sans exercer autrement leur esprit que sur l'heure la plus favorable à cette opération.

L'huître

L'huître prisonnière, isolée, aveugle, sourde, muette, manchotte et cul-de-jatte, ne peut s'élever jusqu'à la *morale ;* mais par l'intelligence et la réflexion, elle acquiert la prudence, la sagesse, l'aptitude au travail. Elle montre un puissant génie, en comparaison même de la *Sensitive*, et même de l'*Attrape-mouche* qui se défend de son ennemi, à la manière de l'Huître, et paraît à la tête du *Règne végétal.*

Le *Loup* qui s'exerce à la chasse devient plus habile, plus brave, plus robuste que celui qui s'amuse à dormir ; il est mieux nourri ; il évite mieux le danger ; sa famille est plus riche, plus forte, mieux élevée, et lui donne dans la suite un plus puissant secours. Il gagne de la considération parmi ses semblables ; et, dans les conventions qu'ils font pour chasser de compagnie, il distribue les rôles, et choisit celui qui lui convient.

Le *Chien* qui, dégoûté de la vie sauvage, semblable à celle du Loup, par laquelle a nécessairement commencé son espèce, ou qui né dans la domesticité, s'est allié et subordonné à l'homme par une sorte de contrat, et en remplit les conditions avec fidélité, avec zèle, avec un usage ingénieux de son intelligence, est *aimé*, bonheur qui lui est très-sensible ; il est caressé, bien traité, bien couché, abondamment nourri ; tandis que le Chien paresseux, gourmand et malpropre, est battu, dédaigné, renvoyé, quelquefois abandonné et réduit à mourir de galle et de misère.

Chez tous les animaux, la femelle qui prend beaucoup de soin de ses petits, en est tendrement chérie ; elle reçoit mille marques touchantes de leur reconnaissance ; elle prend un plaisir extrême à leurs jeux : tous avantages pleins de délices, dont la femelle indifférente ou négligente est privée. Le petit qui mord sa mère, en est tapé ; s'il la caresse, il en est baisé ou léché ; s'il bat ses frères, il éprouve à l'instant la justice maternelle.

Le Père qui apporte à manger, soit au nid, soit à l'aire, soit dans l'antre, soit au fort, soit à la maison, est accueilli avec des cris d'amour et de joie par sa femelle et par ses petits. Il règne au milieu d'eux, il est respecté, il jouit beaucoup en voyant combien on l'aime.

Telle est la *Morale* commune à tous les animaux. La plupart n'en ont que relativement à leur espèce, sur-tout quand ils sont dans la disette ; parce que c'est de la conservation de sa famille et de son espèce que chacun d'eux est chargé préférablement à tout. Un loup qui mange des Moutons n'est point coupable, pas plus que le Mouton qui broute au moins quarante espèces de plantes toutes vives ; et quand le Loup apporte sa proie à ses Louveteaux, il est bienfaisant.

Les espèces se balancent par leur instinct opposé. Celles qui paraissent destructives sont conservatrices d'autres espèces. L'horrible et féroce Araignée est une gardienne naturelle des raisins, des melons, des figues, et des pêches. Les jardiniers en connaissent le prix, et se fâchent lorsqu'on en tue une. Les animaux qui multiplient beaucoup et dont la nourriture ne peut les fuir, ont pour compensation de la facilité de leur travail, qui est une grande prérogative, et pour contrepoids de leur fécondité, qui est un bonheur infiniment doux, une cause de mort de plus dans les animaux carnassiers. Et les plantes se trouvent très-bien de ce que la sagesse divine arrête par la force et la violence de quelques autres espèces la trop grande multiplication des frugivores. Il n'est pas même certain que ce soit un malheur pour les espèces paissantes ; car sans le mal que les animaux carnassiers font à quelques individus de ces espèces, que nous regardons comme douces et paisibles, parce que leur faim ne donne une mort cruelle qu'aux végétaux et aux innombrables insectes qui les habitent, elles se réduiraient elles-mêmes à la famine en dévorant les plantes plus vîte que la terre ne peut les reproduire. Et la mort de famine est non-seulement la plus triste, la plus pénible des morts, elle est la seule qui puisse attaquer en peu de jours une espèce toute entière, sur une grande étendue de pays.

Quand la ponte des Pics, des Courlis, et des grosses Mésanges n'a pas réussi en Egypte et en Arabie, les armées de Sauterelles prennent leur vol dans une si efroyable multitude que l'air en est obscurci : en deux ou trois jours elles ravagent toutes les récoltes, jusques aux feuilles et aux petites branches des arbres ; elles dévorent même une partie des vêtemens des hommes et des meubles des maisons, et périssent ensuite de faim par monceaux qui infectent l'air et les puits. La calamité s'étend sur un beaucoup plus grand nombre d'individus et d'espèces que lorsque tout s'est balancé. Les dégats causés quelquefois par les fourmis ont une origine pareille : un de leurs represseurs a manqué.

Les animaux herbivores ont contre leurs ennemis des moyens de défense. Le Bélier sauvage et sa Brebis sont très-légers à la course ; ils s'élancent, ils bondissent, ils sautent bien. Comme le Bouc et la Chèvre, ils gravissent les rochers et se retirent dans des lieux presqu'inaccessibles. L'herbe fine, les plantes aromatiques et sapides qu'ils y trouvent sont celles qui leur conviennent le mieux. Ils sont armés de cornes, savent joûter comme des chevaliers, et combattent au besoin, sur-tout quand ils ont des petits.

Il y a beaucoup d'exemples que le *Moufflon* dont est sorti le Mouton, et même que notre Bouc et notre Chèvre domestiques, ont à coups de cornes jetté du haut des rochers et brisé dans les précipices le Loup qui les venait assaillir.

La Bête à laine de nos troupeaux est sotte et poltronne, parce qu'elle n'a pas son éducation naturelle ; mais l'homme et le chien se réunissent pour la garder. La multiplication de son espèce, de même que celle du gros Bétail, a considérablement gagné au contrat, en apparence usuraire, par lequel l'homme leur vend une pâture abondante et une protection assurée.

Ce contrat très-avantageux à l'homme, l'est aussi aux espèces qu'il a conquises. Tant qu'il n'a été que Chasseur il n'était qu'un animal carnassier de plus, et faisait comme eux aux autres animaux précisément autant de mal qu'il en retirait de bien pour lui et pour sa famille. Mais quand il est devenu Pâtre et sur-tout Cultivateur, quand il a défendu les Bœufs et les Moutons contre leurs autres ennemis, quand il a travaillé pour leur conserver et leur produire du fourrage, il a diminué leurs dangers, il a prolongé leur vie, il a multiplié leur subsistance, il a augmenté leur population, il a été bienfaisant. Je ne dis pas qu'ils lui doivent de reconnaissance, car l'intention n'a pour eux rien de favorable, et la catastrophe est horrible : mais cette catastrophe dont ils n'ont d'avance aucune idée et qui ne dure qu'un moment, en excitant l'homme à prendre soin d'eux pour son intérêt, fait qu'il en existe un beaucoup plus grand nombre, ce qui est un bien pour ceux d'entr'eux qui sans cet ordre de choses n'auraient jamais vécu ; et fait encore qu'ils sont tous plus copieusement nourris, et qu'ils vivent en paix pendant plusieurs années, ce qui est un bien pour les individus qui seraient morts de disette, ou auraient été mangés du Loup, de l'Ours, ou du Tigre, avec plus de tourment, et après un état de terreur habituelle que le malheur passager et imprévu de la boucherie ne peut égaler, tout abominable qu'il est.

Le plus grand mal pour les espèces asservies est dans le travail. Le Bœuf est plus sensible à l'aiguillon qu'il éprouve tous les jours qu'à la hache qu'il ne voit qu'une fois et n'a pas le tems de comprendre. Mais ce travail est une condition d'où résulte pour lui l'abondance ; et quoique le Bœuf ignore cette condition, il paraît constant, puisqu'il vit et qu'il engraisse, que le travail et l'assujétissement ne lui font pas autant de chagrin que la prairie, le foin, l'avoine et la litière lui donnent de jouissances et de plaisir. Encore est-il possible, et même aisé, en perfectionnant l'éducation des animaux domestiques et *la nôtre*, de supprimer de leur travail la contrainte et les mauvais traitemens ; d'y suppléer par l'intelligence et la bienveillance. Les bons chartiers ne font usage ni de l'aiguillon, ni du fouet : ils se contentent de parler : les bons écuyers ne font jamais sentir l'éperon.

Il sera possible d'extirper de même un crime, dont on ne peut s'empêcher d'avoir horreur dans la conduite de l'homme envers les animaux qu'il s'est subordonnés, parce qu'il est plus cruel que l'assassinat et n'est pas nécessaire, qu'il ne satisfait que l'incurie et la mollesse. Il s'est permis le même crime envers sa propre espèce, et le continue encore dans quelques pays. Mais sans doute les progrès de la Philosophie, des lumières et de la morale, le feront un jour disparaître entièrement entre les hommes et vis-à-vis de leurs alliés. Les Arabes ne mutilent point leurs chevaux; ils vivent avec eux dans une société intime, et apprennent à les gouverner par l'affection.

Cet heureux fruit de la reconnaissance étend au-delà de leur espèce *la moralité* des animaux qui en sont susceptibles.

Le *Cheval* s'attache à l'homme qui lui a été utile, et qui l'a caressé, au point de combattre pour lui avec le plus hardi courage.

Il se lie aussi avec le Chien d'une amitié réciproque.

La *Chèvre* et la *Biche* se prêtent à donner leur mamelle à l'enfant, et conservent toute leur vie beaucoup de tendresse pour leur nourrisson.

On a vu des *Eléphans* mourir de douleur

d'avoir perdu leur *Cornack*, qui n'a pu les soumettre qu'en leur inspirant un grand attachement : car de quelle autre manière un homme ferait-il obéir un Eléphant à sa voix.

Il est très-commun de trouver des *Chiens* qui nourrissent leur Maître, qui chassent pour lui, même en son absence ; qui s'interdisent le plaisir de manger, et même celui de mordre le gibier qu'ils ont entre les dents, que leur voracité naturelle et la faim pressante leur feraient trouver délicieux, pour le lui apporter, et n'en recevoir de sa main qu'une très-petite partie, ou un faible dédommagement dans une nourriture moins succulente ; et qui se trouvent payés de leurs privations et de leur travail, comme le serait un ami, comme le serait un amant, par un geste affectueux, par la permission de donner un baiser à l'objet de leurs sacrifices.

On en a vu souvent plonger avec une extrême péril au sein des ondes irritées, pour sauver nos semblables à la nage, et sur la seule exhortation de leur ami.

On en a vu, après avoir gémi sur la tombe

de cet homme qu'ils avaient aimé, reconnaître et dénoncer par leur fureur son meurtrier, le combattre, le vaincre, et revenir au tombeau, s'y coucher pour n'en relever jamais, y refuser tout aliment, y mourir de besoin et de regret.

Le sort de ces animaux dans leur dévouement généreux paraît bien triste; il l'est certainement alors. Mais la rigueur même de ce dévouement montre qu'il a été longtems payé par une *moralité* profondément sentimentale, et qu'ils ont recueilli en caresses, qui leur furent très-douces, le prix de leur intelligence, de leur tendresse, de leur labeur et de leur vertu.

Ces Chiens furent aimés, puisqu'il aimèrent à ce point. Jugez combien l'Homme doit et peut l'être.

C'est ce besoin d'être aimé, d'être estimé, beaucoup plus puissant, plus développé, plus affectueux chez l'homme que chez les autres animaux, en raison de sa plus grande intelligence, qui élève notre *moralité* fort au-dessus de la leur.

Cela est si vrai que parmi les hommes

mêmes, tous ne sont pas également *moraux;* et que ceux dont la morale est la plus pure, sont toujours ceux qui savent le mieux aimer, et qui sont le plus émus quand on les aime.

Plus sensibles que les autres, ils connaissent mieux de combien de manières ont peut être blessé ou rendu heureux ; et, jugeant, par leur cœur, de ce qui doit se passer dans celui d'autrui, ils donnent plus d'étendue et de soin à l'application de cette règle de justice que dicte la Nature, et qui renferme toutes les vertus sociales, toutes les loix obligatoires pour l'humanité : *Ne faites pas aux autres le mal que vous ne voudriez pas qu'on vous fît ; faites leur le bien que, si vous étiez dans leur position, vous desireriez qu'ils vous fissent ; conduisez-vous avec eux comme vous souhaitez qu'ils se conduisent eux-mêmes envers vous.*

L'intérêt, qui parle à la raison, est sur cela parfaitement d'accord avec l'attrait qui détermine le sentiment. Et cet intérêt est si frappant qu'il obligerait des hommes, qui ne seraient que froids et sages, à faire presque les mêmes actions que ceux qui, plus heureusement nés, trouvent leur satisfaction personnelle à être bons, justes et secourables. Car plus on s'est montré bienfaisant et utile aux autres hommes, sur-tout si c'est avec efficacité et avec lumières, et plus on en est à son tour aidé et secouru.

Chaque bonne action est une espèce de prêt fait au Genre humain; c'est une avance mise dans un commerce où toutes les expéditions ne profitent pas, mais où la plupart cependant amènent des retours plus ou moins avantageux; de sorte que personne ne les a constamment multipliées sans qu'elles lui produisissent en masse un grand bénéfice.

La bonté a un charme indélébile; et lorsqu'elle est éclairée, elle constitue une grande puissance qui n'abandonne jamais entièrement l'homme qui en a été revêtu, comme font trop souvent la santé, la force, l'autorité, les richesses et le crédit.

Ce n'est pas qu'il n'y ait des ingrats et des hommes injustes, c'est-à-dire des gens qui raisonnant peu et calculant mal, préfèrent ce qui leur paraît l'intérêt du moment aux douceurs de la reconnaissance et de l'équité envers ceux qui les ont servis. Mais les autres hommes, témoins du bienfait, méprisent celui qui le reçut et qui l'oublie, et applaudissent au bienfaiteur avec un sentiment de bienveillance et de respect. Tous sont justes, au moins dans les affaires qui ne les touchent pas. Tous aiment la probité qui pourra un jour s'exercer envers eux. Tous chérissent la disposition à obliger, dont ils pourront dans la suite éprouver les effets. Tous haïssent les vices et la méchanceté qu'on peut déployer contre eux pour leur nuire. Ils ne peuvent s'empêcher de voir et de juger ainsi, parce qu'ils ne peuvent cesser d'être sensibles et occupés de leur intérêt.

Lorsqu'il nous arrive donc de perdre le fruit direct d'une action louable semée en mauvais terrein, prodiguée pour un pervers, nous en recueillons cependant presque toujours une récompense indirecte dans la bonne opinion qui s'établit en notre faveur. Et l'insensé au contraire qui a cru faire un grand profit en s'écartant de la morale et de son devoir, quelque chose qu'il ait paru gagner pour l'instant, a essuyé une perte réelle, une perte inestimable, en hasardant, compromettant, sacrifiant, empirant sa réputation. Il s'est attiré une punition sévère en appelant sur lui-même la haine et le dédain qui l'environneront de périls, et le livreront un jour aux horreurs de l'abandon.

Un intérêt grossier, et même cupide, peut donc, lorsqu'il est éclairé par la réflexion, suffire pour guider l'homme sur la route de la justice et de la bienfaisance. C'est à condition de la suivre, qu'il a droit d'espérer de se voir lui-même assisté dans son travail, secondé dans ses entreprises, soulagé dans son infortune.

Mais DIEU a préparé de plus douces jouissances à la bonté, à la générosité, à la vertu. C'est pour elles qu'il a créé l'*Amitié* et toutes ses délices : l'Amitié dont les préférences marquées, la tendresse exclusive, les honorables louanges, les sincères conseils, le zèle intrépide, la confiance absolue, font le second des biens destinés à l'homme, et l'un de ceux qui semblent le plus particuliers à son espèce : l'Amitié qui ne diffère de l'Amour que par quelques nuances de plaisir physique, et qui n'en est pas elle-même privée : qui a comme lui des desirs, des caresses, des larmes, des sourires, des battemens de cœur, une volupté, et de délicates inquiétudes, et jusques à la jalousie, cet assaisonnement un peu trop âcre, de qui la pointe néanmoins est peut-être nécessaire à tous les attachemens humains.

L'Amitié fabrique elle-même les prix et les couronnes qui lui sont destinés, et qui doivent dignement honorer tout ce que l'homme peut faire de beau, de bon, de grand. A elle seule appartient de leur donner la juste valeur proportionnée à son estimable ambition. Elle crée le Tribunal et le Pouvoir qui sauront distinguer et noblement gratifier ses travaux. Les efforts, les services, les sacrifices, qui ne pourraient être payés par tous les trésors de l'Univers, ni par les acclamations si passagères et si variables de tous les Peuples, ordinairement très-mauvais juges de ce que l'on fait pour eux, le sont par un serrement de main, par une étreinte contre le cœur ; par les mots *je suis content de vous*,

vous, venant de l'Ami du premier rang qu'on chérit et qu'on révère.

Mais enivrantes, mais belles et bonnes encore, un peu plus bas sur différens échelons, au-dessous de cette haute félicité avec des charmes qui leur sont propres, telles que la Violette, et la Pâquerette des prés après la Rose, se trouvent les Amitiés du second et du troisième rang : puis les sociétés instructives et agréables, où l'on jouit d'une estime mutuelle, et où l'on coule de très-heureux momens. La consonnance de leur opinion avec les sentimens de l'Amitié plus intime lui donne le droit de croire, et le plaisir de dire qu'elle n'est que l'écho de la voix publique. Elles aident les Amis à s'enorgueillir les uns des autres.

De tous ces biens si précieux, il n'y en a pas un qui soit pour le crime, pour l'iniquité, pour la cruauté, pour la dureté, ni même pour la froideur et l'indifférence. Il y a long-tems qu'on a dit que *le méchant pouvait avoir des complices et n'avait point d'amis*. Comment en aurait-il? Occupé de mauvais projets contre les autres hommes, il leur en suppose de pareils contre lui ; et dans le vrai la plupart lui veulent du mal. Vivant dans la défiance, agité de soupçons, rongé de soucis, haïssable par ses œuvres et par ses pensées, il ne saurait ni aimer, ni être aimé. *Inapte* aux satisfactions morales, ce qu'il peut avoir de jouissances, est réduit à celles des plus vils animaux. Où finissent les forces de son corps, là se terminent ses plaisirs : là commencent ses ennuis et ses malheurs. Au lieu que la Vertu active et sensible double les facultés corporelles, et ne cesse pas de goûter une volupté céleste quand celles de la terre exigent du repos.

Jouissons, mes amis, de ce superflu si utile, si doux, si généralement répandu sur les gens de bien, et qui au milieu de tout ce que le vulgaire appelle des infortunes, doit faire pour nous de la terre un séjour de délices ; mais sachons sentir aussi que c'est un superflu. La véritable Vertu le savoure, et peut s'en passer. Telle est la trempe de l'Armure qui fut forgée pour ce demi-dieu nommé l'homme dans l'arsenal éthèré du *suprême* ORGANISATEUR, que si la reconnaissance trop souvent fragile, venait à manquer; que si la réputation plus vaste et plus solide, était universellement, quoiqu'injustement flétrie ; que si l'immortelle Amitié pouvait échapper et s'anéantir, *la Conscience*, la conscience pure et sans tache saurait se défendre encore contre le désespoir, et offrirait un azyle où le courage accompagné d'une sorte de paix pourrait se réfugier.

Je vous en dis là plus que je n'en peux faire. La Conscience elle-même ne me ferait pas survivre à l'Amitié. Mais il y a des hommes qui valent mieux que moi : et pour caresser mes faiblesses les plus chères, je ne calomnierai pas *la Conscience.*

Elle est au fonds du cœur humain le Ministre perpétuel DU CRÉATEUR. Elle établit une Ame dans l'Ame pour juger l'Ame. Il semble qu'il y ait un *Nous* qui désire, qui agit, et un autre *Nous* qui décide si le désir est honnête, si l'action est bonne. Point de bonheur quand ils ne sont pas d'accord. Point de bonheur quand le plus impétueux des deux cesse de respecter le meilleur et le plus sage. Car celui-ci ne perd pas ses droits ; il peut céder passagèrement dans un combat, mais il prend sa revanche ; il est né pour commander, et finalement il commande. Il peut récompenser, quand les hommes oppriment et croient punir. Il peut punir, quand les hommes accumulent les éloges et multiplient les récompenses. La société ne voit et ne doit juger que les actions. La Conscience voit et juge, de plus, les intentions et les motifs. Elle fait rougir de la reconnaissance mal acquise et de la réputation usurpée.

On ne la trompe point, ou, du moins, on ne l'a jamais égarée que par le Fanatisme sur le seul article des persécutions religieuses. Encore est-ce par soumission pour des dogmes qu'on lui a, dès l'enfance, présentés comme prescrits par l'Être auquel tout doit obéïr, en les mêlant insidieusement avec des loix de justice et de charité, vraiment émanées de lui, et qui portent son divin caractère. Encore cette maladie pestilentielle des sacristies est-elle moderne et *catholique ;* car il ne faut pas dire *chrétienne* : le Christianisme était tolérant. Encore, devant le flambeau de la raison, s'en va-t-elle tantôt passée. Hors de sa cruelle influence, et pour la véritable *Morale*, la voix de la Conscience est la même dans l'Univers entier ; les bases de ses arrêts n'ont rien d'arbitraire.

Quelques Écrivains, parmi les anciens, et sur-tout parmi les modernes, bavardant sur la Philosophie, sans être Philosophes, ont prétendu, d'après la variation de quelques usages, que la Morale n'avait point de règles fixes, qu'elle dépendait des tems et des lieux. Ils se sont beaucoup targués, les uns, de ce qu'on volait à Sparte, grand couvent de Moines-Soldats, d'où la Loi avait à-peu-près banni la propriété ; de sorte qu'y dérober, c'était jouir de son bien, en faisant une étude militaire : les autres, de ce que quelques Sauvages mangent leurs Parens dans un festin religieux, plutôt que de les abandonner à la faim et aux loups-cerviers, quand la défaillance les met dans l'impossibilité de soutenir les voyages, de suivre les marches longues et rapides auxquelles sont forcées des hordes qui n'ont aucun autre moyen de subsistance que la chasse au sein des déserts. Mais, chez ces Sauvages, l'Amour filial est aussi obligatoire, aussi vif, aussi tendre, et plus respectueux que chez nous. Leur déférence, pour les vieillards, est extrême. Ces vieillards y dirigent, y commandent jusqu'à la fin les jeunes gens et les guerriers. C'est à leur instante prière qu'on les immole, après les avoir long-tems portés sur le dos; et cette triste cérémonie, vingt fois sollicitée par eux, accompagnée de leur éloge funèbre prononcé avec larmes et avec éloquence, est encore un acte de zèle et d'amour. C'est ainsi que *Cléomènes* et ses compagnons se tuèrent l'un l'autre dans Alexandrie, que *Pétréïus* fut tué par *Juba*, qu'à Utique *Caton* s'indignait contre son fils qui lui avait fait enlever son épée; que les autres Héros de Rome, lorsque tout était désespéré, et qu'ils ne voulaient pas se poignarder eux-mêmes, demandaient ce dernier secours à la main qu'ils estimaient le plus, ou qui leur était le plus affectionnée.

Ne calomnions ni les Sauvages, ni les Grecs, ni les Romains : les proscriptions nous sont-elles si étrangères, que nous ne puissions concevoir une circonstance où ce serait un éminent service de l'Amitié, et même de l'Amour, que de fournir à son Ami un pistolet, ou une dose suffisante d'opium, pour le dérober aux tourmens et aux bourreaux? Et la fidélité dans ces nobles sentimens, en sera-t-elle moins un devoir, quand il faudra la prouver de la manière la plus désolante? L'Amour et l'Amitié en seront-ils moins les deux premiers bienfaits du Ciel, parce que, dans ces jours horribles, ils auront une utilité de plus?

Mais la Conscience dira, même à *Laclos*, même à *Danton*, même à *Robespierre*, même à *Marat*, même à *Philippe Égalité*, que ces jours sont horribles. Elle leur a donné, elle leur donnera de fréquentes sueurs froides. Elle les réveillera souvent dans la terreur. Elle leur fera implorer durant leurs songes, la pitié qu'ils regretteront de n'avoir pas connue (7).

(7) Lorsque l'Auteur écrivait ceci en mars 1793, ces cinq hommes étaient au tems de leur toute-puissance. Il se croyait certain qu'ils lui donneraient la mort d'un jour à l'autre, aussi-

Ses maximes sont extrêmement simples.

Chacun sent qu'il est susceptible de douleur et courroucé par les mauvais traitemens. Chacun sait donc qu'il ne doit ni maltraiter les autres, ni leur causer de la douleur.

Chacun se voit assiégé de besoins, et veut la liberté de travailler pour y satisfaire. Chacun sait donc qu'il ne doit pas troubler le travail des autres qui ont des besoins semblables.

Chacun veut jouir de ce que son travail

---

tôt qu'ils apprendraient qu'il ne l'avait point reçue. Il ne pouvait leur opposer aucune résistance efficace. Il attendait chez lui, et tâchait de rendre utiles ses derniers momens.

Un seul des cinq existe encore : inquiet, agité, ne pouvant, quoiqu'il fasse, éviter le soupçon de tous les troubles, de tous les désordres, de tous les conseils dangereux, auxquels peut-être il ne prend plus de part.

Les quatre autres couverts du sang de la nation, ont péri misérablement dans le court espace de seize mois.

On compte les méchans qui vivent et semblent prospérer ; on les compte, parce qu'il y en a peu ; et l'on ne connaît pas leurs tourmens intérieurs.

On ne compte point les gens de bien qui survivent à toutes les calamités publiques. On ne peut les compter, parce que leur nombre est immense. Et l'on ignore la sérénité, la douce paix de l'âme dont ils jouissent, tandis qu'on les croit à plaindre et qu'on les voit persécutés.

lui a procuré. Il sent que le lui enlever, ce serait, comme dit *Rousseau*, le priver de la partie de sa personne qu'il a employée, usée, dans le travail ; et qu'il a droit d'en défendre le produit, ainsi qu'il aurait droit de retirer son bras des mains d'un homme qui voudrait le retenir malgré lui. Chacun sait donc qu'il doit respecter pareillement la propriété des autres sur le fruit de leur travail.

Rien là-dedans ne dépend des conventions, ni des sociétés politiques. C'est la *Morale naturelle* de l'homme dans l'état le plus sauvage. Dans cet état primitif, celui qui n'a point chassé, ou qui a chassé sans succès, n'a aucun droit de s'emparer du gibier de celui qui a chassé heureusement. Il ne peut, s'il en a besoin d'une partie, que la lui demander comme un bienfait, ou lui proposer un marché, un échange, soit en choses à son usage, soit en services présens ou futurs. Si, au lieu de recourir à cette voie amiable, par laquelle un homme qui n'est pas lui-même sans expérience du besoin se laisse aisément toucher, il voulait prendre le gibier de force, il y aurait GUERRE : et cette guerre serait *juste* de la part du Propriétaire, *injuste* de la part du Ravisseur. Elle le serait au point que si un *Tiers* indifférent en était témoin, il s'établirait naturellement Juge et Officier de Police, et prêterait *main-forte* contre l'Usurpateur. Et, dans le cas même où le besoin de celui-ci serait assez pressant pour émouvoir à pitié, tout ce que le témoin pourrait faire en sa faveur, serait, après lui avoir interdit la violence, de moyenner *un Traité.*

L'usage de la force, pour obtenir quoi que ce soit, est odieux à tout le monde, et très-dangereux pour celui qui s'y livre : car il appelle contre lui la résistance et les alliances. Chacun sait donc que la raison, la prudence et la justice lui prescrivent de faire avec les autres des conventions qui leur agréent et leur semblent avantageuses, quand il veut participer à l'usage de leurs richesses, ou se procurer leur secours et leurs services.

Chacun sent que les conventions seraient

illusoires, si elles pouvaient être impunément violées; chacun est irrité, quand on manque à ce qu'on lui a promis. Chacun sait donc qu'il doit se regarder comme lié par sa parole, et se montrer d'autant plus réservé à promettre, qu'il serait exposé à la haine, au mépris, aux représailles, si ses promesses étaient vaines.

Chacun se souvient qu'il n'existe que par le bon effet d'une multitude de secours gratuits, que les autres lui ont donnés, quand il était dans l'enfance, ou en maladie. Chacun sait donc qu'il doit des secours, également gratuits et généreux, à l'enfance et à l'infirmité.

On ne peut rendre aucun service de ce genre, dont on n'ait déjà reçu le prix pendant une longue suite d'années, avant qu'on fût soi-même capable de travail. Lorsque, à son tour, on se livre à ces actes de bienfaisance, on ne fait donc rigoureusement que *payer une dette*. Mais cette dette payée avec sensibilité et avec grâce, devient une nouvelle avance, qui nous sera restituée une seconde fois, en cas d'accident, ou au moins dans notre âge avancé. C'est bien là que s'applique le Proverbe : *Qui paye ses dettes s'enrichit.*

Une autre *dette* que nous avons tous à payer, une dette religieuse que nous contractons malgré nous chaque jour, par nos faiblesses, par nos fautes, par nos erreurs, c'est l'*Indulgence* pour les erreurs, pour les faiblesses, pour les fautes de nos semblables. Qui de nous est sans reproche? Qui de nous n'a jamais été égaré par ses passions? Si quelqu'un ôsait me répondre, c'est moi, je lui demanderais encore s'il ne s'est jamais trouvé sur le point de l'être, et de combien peu il s'en est fallu? Les plus vertueux sont ceux qui ont le moins de torts, ou qui les ont le mieux expiés et réparés. Les plus vertueux sont ceux qui savent craindre le plus d'être jugés à la rigueur. Les plus vertueux sont ceux à qui la Conscience dit que, dès qu'on sort de la douceur et de la compassion, on s'éloigne aussi de l'équité. L'homme de bien lui-même a, dans la colère et dans l'amour, des momens de délire. Le méchant est dans un état habituel de démence. Il faut empêcher les fous de nuire, sans doute; mais il ne faut pas les haïr, ni en penser, ni en parler d'une manière trop injurieuse: sommes-nous si sages? Il faut être encore moins sévères, quand le mal que les autres ont fait porte sur nous, quand nous sommes exposés à le voir avec le microscope de l'intérêt personnel. Alors nous devons nous efforcer de fermer les yeux, et réserver l'oreille pour l'ouvrir, dès qu'il sera tems, à la voix du repentir, qui parlera plutôt ou plus tard; qui, sincère, profond, durable, peut tout effacer, même devant Dieu; le doit, à plus forte raison, devant nous. O Religion des Chrétiens, trop d'absurdités ont, il est vrai, souillé tes dogmes et perverti ta métaphysique; mais ta Morale explique et justifie tes succès. Mais cet avertissement salutaire, donné au sujet du délit qui blesse le plus le cœur sensible contre lequel il est commis: *Que celui qui est sans péché, jette la première pierre*; mais cette prière sublime: *Pardonnes nos offenses, comme nous pardonnons à ceux qui nous ont offensés;* mais cette exclamation de la vertu dévouée au supplice : *Pardonnes-leur, car ils ne savent ce qu'ils font ;* mais cette exhortation touchante : *Soyez miséricordieux, comme votre Père, qui est au Ciel, est miséricordieux,* sont et seront toujours des loix de la Conscience pour qui voudra étudier ses devoirs et mériter sa propre estime.

Enfin, chacun sait qu'en observant ces règles principales de la bonne nature humaine, que l'INTELLIGENCE *divine* a rendues si claires, si frappantes, si attendrissantes, si obligatoires, pour notre *intelligence*, il sera estimable, aimable, et généralement aimé, estimé ; qu'en s'en écartant, il deviendrait haïssable, et serait haï. Or il n'y a personne qui ne sente combien il est doux et utile d'inspirer la bienveillance, et qui ne desire y parvenir ; combien il est triste et dangereux de n'exciter que la haine, et qui ne craigne d'y être exposé.

Vous me direz peut-être, que *beaucoup de gens, qui n'ont commis aucune injustice, qui même ont fait toutes les bonnes actions qu'ils ont pu, sont néanmoins très-*

malheureux. Ils le seraient bien davantage, s'ils avaient été des méchans, s'ils avaient à essuyer les reproches de leur conscience, s'ils s'étaient livrés à des crimes dont ils redouteraient la punition ; si, à leurs infortunes, ils joignaient celle de s'être rendus, par leur conduite, des objets de haine et de mépris.

Dans un Monde formé de *matière*, dont toutes les parties agissent et réagissent les unes sur les autres, d'après des loix qui embrassent également les choses inanimées et les corps des êtres doués de vie, la même organisation, qui produit la santé et les jouissances, soumet nécessairement l'Animal, qui les reçut en don, à plusieurs souffrances et à plusieurs infirmités. La Prudence, la Tempérance, les Lumières que le travail, l'expérience et les sciences procurent, en font éviter quelques-unes, adoucissent les mauvais effets de quelques-autres, préviennent quelques accidens. La Justice et la Bienfaisance, qui sont des qualités purement morales, n'influent pas sur ces événemens physiques. Elles n'empêchent point de se casser la jambe, elles ne garantissent pas de la gravelle. Les blessures et les maladies, que l'on ne peut prévoir, auxquelles une sage conduite ne peut soustraire, doivent donc être comptées parmi les maux qui frappent également sur les méchans et sur les bons, qui sont des conditions de la vie, des annexes de la propriété de sentir et de jouir : non parmi les punitions et les malheurs qui ont rapport avec *la moralité* et la sanctionnent.

Dans un Monde peuplé d'une foule innombrable d'*Êtres intelligens*, libres, doués de facultés disponibles à leur volonté, par conséquent sujets aux *passions* qui les rendent heureux, mais qui peu éclairées, trop enivrées, mal guidées, peuvent aussi les jetter dans l'égarement et dans l'erreur : le concours de toutes ces *Intelligences*, et de toutes ces *Libertés*, dont les opérations co-incident et se croisent, amène des aventures, des bonheurs, des malheurs, des jouissances, des peines, qui n'ont aucun rapport avec le vice, ni avec la vertu ; sinon d'offrir à celle-ci l'occasion de s'exercer,

d'augmenter

d'augmenter le bien, de diminuer le mal, de se faire un *mérite* du bon emploi de l'intelligence, et d'en recueillir le fruit.

DIEU ne pourrait empêcher l'effet des sensations, des sentimens, des raisonnemens, des passions, de la liberté, de la volonté, et du pouvoir actif qu'il a conféré aux *Êtres intelligens*, sans détruire leur nature et leur *moralité*, et les réduire à l'état de *machines*. Or, tout être intelligent créé a une *machine* à gouverner, machine dont le poids, la forme, les ressorts influent sur lui et sur le développement de son intelligence; mais à raison de cette intelligence, il est quelque chose de plus qu'*une machine*. Et cette dignité, cet avantage, dont il ne voudrait pas être privé, qu'il partage avec les autres Êtres intelligens, sur lesquels il n'a ni le droit, ni le pouvoir de les en priver non plus, le mettent dans la nécessité de subir toutes les conséquences des actions bonnes ou mauvaises auxquelles ils se portent, dans l'usage ou dans l'abus de leur *Liberté*: de même qu'ils jouissent, ou souffrent, des suites de ses bonnes et de ses mauvaises actions.

Quand les Nations sont ignorantes sur leurs vrais intérêts, ou agitées par des passions, soit haineuses, soit dissipatrices; quand leurs Loix sont vicieuses ou impuissantes, leur Administration faible ou corrompue, les capitaux se consument, l'Agriculture dépérit, le Commerce languit, le Travail est découragé, une pauvreté générale attaque les Citoyens, les disettes locales se multiplient; et les gens de bien pâtissent de tous ces maux comme les méchans. Ils peuvent, comme ceux-ci, être victimes des ravages de la guerre ou des dissentions civiles, de la fureur des partis et des méprises du Gouvernement; ils peuvent l'être des crimes publics ou particuliers.

Mais ces maux, très-réels, ne sont point aggravés, pour eux, par le remords, qui ajoute beaucoup à l'amertume de ceux du même genre qu'éprouve aussi le méchant, et qui sont pour lui plus fréquens et moins remédiables. Le Sage doit supporter ces malheurs communs à tous. Il ne doit pas en murmurer; premièrement, parce qu'ils sont liés à des biens inestimables, à l'intelligence, à la liberté, à la sensibilité que notre espèce privilégiée a reçues du Créateur, dans un dégré plus éminent que les autres espèces dont elle a connaissance ; et encore, parce que dans la répartition de ces malheurs sur toute la race humaine, les hommes vertueux, outre l'adoucissement que la paix de la conscience leur assure dans leurs peines, jouissent de deux avantages très-grands.

L'un, que la disposition qui les rend plus honnêtes et meilleurs que les autres, tenant à ce qu'ils ont, en général, non-seulement plus de bonté dans le cœur, mais aussi plus de justesse dans l'esprit, ils se conduisent ordinairement avec plus de suite et de sagesse : ce qui les fait échapper à plusieurs périls.

L'autre, que dans ceux qu'ils ne peuvent éviter, ils inspirent plus de compassion, trouvent plus d'assistance, reçoivent plus de soulagement.

Le méchant, pour être secondé, a besoin d'être le plus fort, le plus puissant, le plus riche. Il ne domine que par la terreur, ou par la séduction du salaire qu'il propose à ses complices. Mais dès qu'il cesse de se faire craindre ou de pouvoir offrir des espérances, il est abandonné, quelquefois puni par ceux même qui furent ses satellites. Les malheurs qu'il éprouve ne sont jamais légers, ni sans conséquence. Il leur imprime un principe de progression aussi rapide qu'envenimée. Sa personne étant haïssable, et tous ses moyens étant hors de lui, tous lui manquent à-la-fois. Dès que le crédit et l'autorité lui échappent, il perd tout ; il tombe dans un gouffre sans fond et sans retour.

L'homme, au contraire, qui fut toujours bon, est aimé et servi pour lui-même ; et l'on prend à lui d'autant plus d'intérêt, qu'il se trouve plus infortuné. Il ne fait de pertes que celles du moment, qui même, pour lui, tendent naturellement à se réparer. Chacun de ses malheurs lui fait un titre et un moyen pour revenir, pour être porté à un meilleur état, à de nouvelles jouissances.

C'est ainsi que la raison et la vertu doivent

considérer la vie. Le beau rôle y est pour elles. Les chances les plus heureuses leur sont préparées avec un art aussi simple qu'admirable. Les véritables jouissances de l'âme leur sont exclusivement réservées, et avec une si douce, une si pénétrante énergie, qu'elle suffit pour couvrir et compenser les plus grands malheurs. Le plus amer de tous, la perte, soit des attachemens auxquels on avait concentré tous ses desirs et dévoué toutes ses facultés, soit des personnes qui les inspirèrent, à l'instant même qu'elle fait détester l'existence et implorer la mort, crie au fond du cœur qu'elle déchire, que, si elle lui est cruelle à ce point, c'est parce qu'elle a été précédée d'une inexprimable félicité : tellement au-dessus de toute comparaison, tellement chère à ceux qui savent aimer, qu'aucun d'eux, dans les jours de son plus affreux désespoir, ne forma une minute le vœu sacrilège d'avoir été privé de ceux de son bonheur.

La bonté et la probité n'exemptent pas de toutes les peines. Elles ont part à toutes celles qui sont sans rapport avec la conduite morale de l'individu qui en est frappé ; de même que le plus odieux criminel partage aussi dans une grande quantité de biens que les Loix générales de l'Univers disséminent sur tout ce qui a vie.

Chacun doit ressentir les effets, tantôt nuisibles, tantôt profitables, qui résultent des actions libres des Êtres intelligens dont il est environné, et des propriétés des choses inintelligentes : personne n'y peut rien que de mettre dans leur immense masse son petit contingent de sagesse et de moralité. Mais l'homme sensible, équitable, généreux, scrupuleux, délicat, est assuré, par toutes les Loix physiques et morales qui influent sur le mécanisme du cœur humain, qu'il n'y aura rien de perdu pour lui de ce que les circonstances favorables pourront présenter d'avantageux, et qu'il trouvera plus de ressources qu'aucun autre dans les conjonctures affligeantes ou funestes. Sa nature et les affections qu'il inspire, le poussent au bonheur, et résistent au malheur. Voilà son lot et la *légitime* avec laquelle il entre dans le Monde. Ils sont beaux et bons ; on y peut compter avec confiance. La nature de l'homme dur, égoïste, injuste, et vicieux, et le dégoût, le mépris, l'antipathie, l'inimitié que les autres conçoivent presque nécessairement pour lui, sont des principes attractifs du malheur, répulsifs du bien-être. Voilà sa condition et sa punition, aussi justes qu'inévitables.

Il n'y a pas d'autres Loix CERTAINES *sur le bonheur et sur le malheur.*

Mais celles-là sont inviolables, l'étendue de leurs conséquences est infinie, et elles sont manifestement faites en faveur des gens de bien. Ils doivent les voir avec une respectueuse et tendre reconnaissance pour le Formateur *des Mondes*. C'est en ce sens qu'il est plus spécialement Père *des hommes vertueux* que des autres créatures. Par la simple contexture des loix générales émanées de sa bienfaisante sagesse, dès qu'ils leur obéissent, ils en sont traités en *enfans chéris*.

Peut-être a-t-il fait, peut-être fait-il quelque chose de plus pour eux; nous ne le *savons* pas ; et il ne *paraît* pas NÉCESSAIRE qu'il fasse rien de plus, puisque ces loix, qui leur sont évidentes, suffisent pour les éclairer, pour leur faire trouver dans la bonté et dans la vertu un bonheur conforme à leur nature. Mais il n'est nullement impossible, il n'est pas même invraisemblable, qu'il leur ait assuré de plus grands secours ; nous sommes environnés de faits qu'on ne peut expliquer que par cette supposition.

Il n'est pas impossible non plus qu'il leur ait destiné pour l'avenir des félicités plus douces encore, plus complettes, et plus durables.

Nous ne pouvons jetter sur ces terres inconnues de l'Univers physique et moral que le regard douteux de la conjecture. Cependant, à travers le brouillard, qu'il n'est pas donné à nos faibles yeux de percer entièrement, quelques signes remarquables, quelques raisonnemens, qui ne sont pas sans force, semblent nous indiquer encore quelques vérités consolantes ; et ce petit Traité serait incomplet, si nous négligions de marcher vers elles, aussi loin que notre pensée peut se porter, sans abandonner la boussole de la raison.

Tout homme, et principalement tout homme estimable, qui voudra se rappeler ses aventures, et promener un souvenir reconnaissant sur l'histoire de sa vie, la trouvera semée d'événemens, grands ou petits, très-inattendus, qui, contre toute apparence, contre toutes les règles de la probabilité, ou même s'opposant à ses désirs, à ses projets, à ses précautions, l'ont fait échapper à de grands périls, dont il devait croire que rien ne pouvait le préserver, ou conduit à des bonheurs qu'il n'avait aucun droit d'espérer ni d'attendre. Ma vie a été tissue de ces bonheurs inexplicables, et qui, selon les lumières ordinaires de la Philosophie, sont inexplicablement accumulés. J'en ai vu plusieurs vous arriver successivement.

Ce ne fut pas l'effet du *hasard;* car nous avons démontré qu'il n'y a point de hasard, et que tout ce qui arrive, résulte, ou des loix physiques qui régissent les choses inanimées, ou du pouvoir actif avec lequel les Êtres intelligens appliquent à leurs œuvres ces loix physiques.

Le MOTEUR GÉNÉRAL, qui a conféré ce pouvoir aux Êtres intelligens, s'est-il interdit d'en faire directement usage dans le Gouvernement du Monde, lui qui est l'*Intelligence suprême ?* Il y aurait bien de la hardiesse à l'assurer ; et ceux qui ont dit qu'il ne peut jamais accorder une protection immédiate à la Vertu, parce que cela serait trop laborieux pour lui, ne s'étaient pas élevés, par la contemplation du Monde même, à l'idée de l'activité prodigieuse, et de toutes parts surabondante, qui brille dans l'*animation* de ces myriades de milliards d'Êtres vivans les uns sur les autres, dont sont peuplés à satiété les milliers de sphères que nous connaissons, et les millions d'autres que nous ne connaissons pas. Aucune multitude de soins ne peut être ni trop grande pour celui qui a conçu et qui exécute chaque jour, le Plan de l'Univers, ni indigne de lui. DIEU et *inactif* sont deux mots qui impliquent contradiction.

Sans que nous ôsions cependant *affirmer* sur une question si haute, ce que la raison ne permet pas davantage d'ôser *nier*, du moins conviendra-t-on que la protection de l'ÊTRE *bienfaisant par excellence* peut s'exercer, et s'exerce *médiatement* envers les *Êtres sages et bons* qui dirigent leur conduite d'après ses loix. Nous avons fait voir cette *protection médiate* de la *divinité*, fondée, presque mécaniquement, entre les hommes, sur l'estime due et payée aux gens qui ne font que du bien, et sur l'intérêt que chacun prend à eux.

N'y a-t-il que les hommes qui aient reçu ce Pouvoir protecteur des actions honnêtes, et qui soient susceptibles du sentiment qui l'excite, qui le dirige? Sont-ils bien certainement les plus ingénieux, les plus nobles, les plus riches en sensations et en facultés de tous les Citoyens de l'Univers, de tous les Êtres intelligens créés? OUI, *de ceux qui nous sont connus*. Mais connaissons-nous tous les *Êtres?* Connaissons-nous seulement tous ceux qui habitent notre glôbe? Avons-nous tous les sens qu'il faudrait pour les connaître? L'Orgueil peut-être répondra encore *Oui ;* et ce sera un Orgueil insensé.

Retournons à l'*Huître*, dont nous avons déjà parlé, et qui mérite une considération très-grande. Que cette image parfaite du Philosophe vienne lui donner des leçons!

Placée vers le dernier échelon de l'*animalité*, n'ayant qu'un ou deux sens, l'Huître ne connaît pas l'Homme ; et si elle pouvait en avoir une légère idée, cette idée ne serait pas juste. Elle lui accorderait bien moins d'intelligence qu'au *Crabe*, qui sait mettre une pierre entre ses deux coquilles pour l'empêcher de se fermer, et dont les petits, même sans le secours de la pierre, viennent la braver, l'attaquer, la dévorer dans sa maison.

L'Homme cependant influe puissamment sur le destin des Huîtres. Il les retire des eaux vaseuses, contraires à leur santé. Il les ramasse sur les rochers, où la haute mer les a jettées pendant les sizygies, et où elles périraient de misère durant les quadratures. Il les porte dans des réservoirs, dans des parcs, dont l'eau est salutaire et limpide. Il y loge, à différentes hauteurs, celles qui doivent voyager, et celles qui ne doivent pas s'éloigner du rivage. Il contribue ainsi, avec une surprenante efficacité, à leur éducation, au perfectionnement, ou à l'engourdissement de leur esprit, à la force ou à la délicatesse de leur tempéramment. Il cultive pour elles la *christe-marine* et plusieurs autres plantes. Il leur varie le degré de saumure de l'eau, et leur procure un embonpoint extraordinaire. Il change jusqu'à leur coloris. Il les emmène enfin à quarante, à cinquante, à quatre-vingt lieues de leur élément, et livre leur existence à un dénouement cruel. Certainement un Ètre intelligent ne peut pas faire plus de bien, ni plus de mal, à un autre Ètre intelligent; et certainement aussi aucun bienfaiteur, aucun malfaiteur, n'est plus complettement ignoré de ses protégés et de ses victimes. L'Huître reçoit le bien, le mal; jouit de l'un, souffre de l'autre; regarde ces travaux de l'Homme, qui n'ont pas toujours eu lieu, qui ne sont encore usités que dans quelques coins du Monde, comme un simple effet des Loix générales de la Nature, auxquelles un Être, même aussi spirituel, aussi habile, aussi distingué qu'elle se le paraît, ne peut résister. Car l'Huître est convaincue de sa propre dignité : elle a autant de droit que l'Homme de se croire à la tête de la création. Elle peut avoir le sentiment intime de sa supériorité sur les algues, sur les mousses, sur les arbrisseaux riverains, qui lui servent d'azyle, qui lui fournissent des alimens, et qui doués de sucs, de croissance, de vie, sont eux-mêmes si supérieurs au galet qui les avoisine. La chaîne des Êtres, peut-elle dire, commence à l'Huître et finit au Rocher. Ainsi l'Homme raisonne, ou déraisonne, lorsqu'il se déclare modestement *le chef-d'œuvre du Souverain Fabricateur.*

Homme! ta vue plonge au-dessous de toi; tu distingues très-bien la gradation non interrompue établie par nuances imperceptibles entre tous les Animaux, de la Galle-Insecte, aux Bivalves, au Ver de terre, à l'Aï, au Mouton, au Cheval, au Chien, à l'Éléphant, au Castor, à la Fourmi dont la sensibilité, l'intelligence, les sciences, les institutions sociales, la moralité, sont si rapprochées des tiennes, que peut-être ne devrait-il appartenir, ni à elle, ni à toi, de prononcer laquelle des deux espèces est la plus parfaite et la première en rang dans la Nature; mais je suis Homme, et, juge partial, je t'accorde la priorité sur la Fourmi.

Est-ce à toi que la progression doit s'arrêter? Lèves les yeux, tu en es digne: penses, tu es né pour penser. Oses-tu comparer la distance effrayante que tu reconnais entre toi et Dieu, avec celle si petite qui m'a fait hésiter entre toi et la Fourmi? Cet espace immense est-il vuide?

Il ne l'est pas; car il ne peut pas l'être; l'Univers est sans lacune.

S'il est rempli, par qui l'est-il? Nous ne pouvons le *savoir*. Mais puisque la place existe, il s'y trouve quelqu'un et quelque chose.

Pourquoi n'avons-nous aucune connaissance évidente de ces Êtres dont la convenance, l'analogie, la nécessité dans l'Univers, frappent la réflexion, qui peut seule nous les indiquer? de ces Êtres qui doivent nous surpasser en perfections, en facultés, en puissance, autant que nous surpassons les Animaux de la dernière classe et les Plantes? qui doivent avoir entre eux une hiérarchie aussi variée, aussi graduée que celle que nous admirons entre les autres Êtres vivans et intelligens, que nous primons, et qui nous sont subordonnés? dont plusieurs ordres peuvent être nos compagnons sur la terre, comme nous sommes ceux des Animaux qui, privés de vue, d'ouie, d'odorat, de pieds, de mains, ne savent qui nous sommes, ni si nous sommes au moment même où nous en faisons le bonheur ou le malheur? dont quelques autres peut-être voyagent de glôbe en glôbe; ou, de plus relevés encore d'un systême solaire à l'autre, plus aisément que nous n'allons de Brest à Madagascar?

C'est que nous n'avons pas les organes et les

les sens qu'il nous faudrait pour que notre Intelligence communiquât avec eux ; quoiqu'ils puissent très-bien avoir, et que nous devions juger qu'ils ont, des sens et des organes propres à nous discerner, et à influer sur nous : de même que nous discernons et que nous régissons des races entières d'Animaux qui nous ignorent, et qui ne sont nos inférieurs que d'un très-petit nombre de sens.

Quelle pauvreté de n'en avoir que cinq ou six, et de n'être que des Hommes ! On peut en avoir dix, on peut en avoir cent, on peut en avoir mille, on peut en avoir un million. C'est ainsi que les Mondes embrassent les Mondes, et que sont classifiés les *Êtres intelligens*, tous composés d'une *Matière* que Dieu a plus ou moins richement organisée et vivifiée.

Telle est la vraisemblance : et, parlant à des Esprits vigoureux qui ne plient pas devant les conceptions fortes, j'oserai dire que telle est la réalité.

Rassurez-vous, mes Amis ; je n'irai point, abusant de ces vérités sublimes, avec la puérile impertinence des Chrétiens modernes, des Cabalistes, des Illuminés, des Musulmans et des Mages, ressusciter les *Anges Gardiens*, asservir les Dieux aux Hommes, la sagesse à l'imbécillité, la puissance à la faiblesse, et construire un Univers à rebours.

Quand le Limaçon fut créé pour lui-même, le Sylphe et l'Archange ne l'ont pas été pour les Humains. Toute espèce, tout individu vit pour soi. Dans l'intérieur des espèces, il y a des Amans et des Amis. D'une espèce à l'autre, il peut y avoir des bienveillances; il n'y a point de *Custodes*. Chacun fait ses affaires, suit ses passions, consulte sa raison, s'occupe de son intérêt.

Mais en se livrant à leur travail, les supérieurs peuvent quelquefois jetter sur leurs inférieurs un regard de curiosité; ils peuvent prendre pour eux quelque légère affection; ils peuvent momentanément leur donner, ou leur refuser assistance. C'est ce que nous faisons chaque jour.

Lorsque nous retirons une Abeille d'une toile d'Araignée, tandis que nous voyons avec plaisir l'art que cette ingénieuse et vilaine bête met à enchaîner de vingt tours de son fil la Guêpe, non moins méchante qu'elle et plus redoutable, nous secourons l'animal utile; et d'ennemi à ennemi, nous laissons punir l'animal destructeur. Nous en faisons autant pour les animaux qui ne peuvent nous appercevoir, selon qu'ils nous paraissent mériter de l'aversion ou de la sollicitude.

Seuls entre les Créatures animées que nous connaissons, nous paraissons avoir été gratifiés de cet instinct protecteur, qui me semble le véritable caractère par lequel la Nature nous élève au-dessus d'elles. Les Castors, les Abeilles, les Fourmis entr'aident vertueusement leurs semblables, et ne rendent aucun service aux autres espèces. Le Chien, qui défend les troupeaux, ne le fait que par amitié et par soumission pour nous; sans nous, il les mangerait comme le Loup même. Et ce n'est pas un des moindres avantages que nous ayons procurés aux Brebis et aux Vaches, en les conquérant, que de leur avoir fait un ami du Chien, qui était leur ennemi aussi actif qu'acharné. L'Homme est capable de calculer qu'il a souvent intérêt à être utile aux autres espèces ; et, ce qui vaut mieux encore, ce qui est plus moral et plus aimable, il l'est de leur rendre service pour sa propre satisfaction, sans autre motif que le plaisir qu'il y trouve.

Hé bien ! ce que nous faisons pour nos frères cadets, nous qui n'avons qu'une intelligence très-médiocre et qu'une bonté très-limitée, les Génies, les Anges (permettez-moi d'employer des noms en usage, pour désigner des Êtres que je devine et que je ne connais pas), ces Êtres qui valent beaucoup mieux que nous, doivent le faire et vraisemblablement le font pour nous, avec plus de bienfaisance, de fréquence et d'étendue, dans les occasions qui les touchent.

Daignez me lire avec quelque attention.

Ne me supposez pas, à cause que d'autres les ont dites, les bêtises que je ne dis point. Ne prétendez pas que je traite de *purs Esprits* les Êtres qui nous sont supérieurs. Épargnez-vous les incidens sur ce que peut être *un pur Esprit*, ou *l'action d'un pur Esprit.* Ces questions n'entrent point dans ma Métaphysique, laquelle n'est qu'une Physique raisonnée: Elles ne servent à rien pour l'Histoire naturelle du Monde. L'Abstrusion me déplaît. Je propose à votre sagesse une Philosophie qui me paraît usuelle et solide. Elle est mienne; elle est pensée, non apprise; non Grecque, ni Platonique; non Zoroastrienne et Persanne; non Chinoise et de Fo-hi; non Chrétienne, Moliniste, ou Thomiste, et bien moins encore Janséniste. Je tâche de ne marcher qu'à pas très-assurés. Nous ne savons s'il y a de purs Esprits, ni ce que c'est qu'un pur Esprit, ni si Dieu lui-même est un pur Esprit. Mais nous savons parfaitement qu'il y a des Intelligences; et peu nous soucie qu'elles soient, si l'on veut, formées d'une sorte de matière, composées d'un mélange, ou sans mélange. Leur qualité d'Intelligence est très-brillante, très-remarquable, très-démontrée, très-évidente; elle tranche vivement avec les propriétés mesurables, ponderables, calculables, analysables de la matière inanimée : dont rien ne se trouve enlevé, ni retranché aux animaux, lorsqu'ils meurent, et que l'engorgement, ou la lèzion de quelques organes, produisant ou suivant l'absence de leur principe intelligent, détruit l'animal, fait cesser tous les phénomènes de la vitalité, et ne laisse à leur matière désorganisée que ceux de la Chimie, qui sépare leurs élémens grossiers. Nous savons parfaitement que ces Intelligences, dont nous en portons une dans la tête et dans le sein, agissent sur la matière inintelligente d'une façon qui diffère de celle dont les parties de cette matière réagissent les unes sur les autres. Nous savons parfaitement que nos passions et notre volonté meuvent notre corps par un moyen qui nous est inconnu, qui semble contrarier fortement les loix de la gravitation, de la Géomètrie, de la Mécanique, de l'Hydraulique; et que notre corps ayant reçu de notre Intelligence ce premier mouvement, communique très-bien à d'autres corps les mouvemens mécaniques, et en met d'autres à portée de se communiquer les mouvemens chimiques ;

en suivant fort exactement, dans cette distribution secondaire, ces mêmes loix de la matière sans vie que le Moteur intelligent semble avoir si aisément violées ou maîtrisées dans notre intérieur.

Cela nous suffit:

Premièrement, pour être certains qu'outre les pouvoirs communicateurs de mouvement sur lesquels nos sciences exactes ont prise, il existe dans l'Intelligence divine d'abord, dans les Intelligences créées et organisées ensuite, un pouvoir impulsif ou formateur de mouvement, dont nous ne savons pas les loix, et dont nous ne pouvons saisir quelques propriétés qu'à l'aide d'une observation très-attentive et d'une réflexion très-philosophique.

Secondement, pour comprendre que les Intelligences *surhumaines*, qui ne peuvent nous être connues que par l'induction, le raisonnement, la comparaison de ce que nous sommes à d'autres animaux, même assez intelligens, servis par nous avec efficacité, et qui n'ont pas de nous la moindre idée; que ces Intelligences qui ne sont au-dessus de nous et hors de la portée de nos sens, que parce qu'elles sont douées d'un plus grand nombre de sens, et d'une vie plus développée et plus active : déployant leurs facultés disponibles suivant leur volonté, de même que selon notre volonté nous employons les nôtres, peuvent disposer, travailler, manœuvrer la matière inanimée, et agir aussi, tant entr'elles que sur les Êtres intelligens qui leur sont inférieurs, avec beaucoup plus de puissance, de rapidité, de lumières et de sagesse que nous ne le faisons, nous qui cependant le faisons, peuvent ainsi, quand il leur plaît, nous rendre les services à-la-fois les plus importans et les plus ignorés.

Vous ne pourriez m'affirmer que cela n'est pas, qu'en prétendant que tout ce que vous ne pouvez voir physiquement n'existe point, et soutenant que vous êtes les premiers des Êtres après Dieu. Et je peux vous affirmer que cela est, appuyé sur toutes les loix d'analogie qu'il nous est donné de reconnaître dans l'Univers.

Si cela n'était pas, l'Univers serait incomplet. Sa partie inférieure serait régulièrement ordonnée avec les gradations les mieux nuancées et les plus parfaites ; sa partie supérieure ne serait qu'un vaste désert. La vie, l'intelligence et la moralité *défaudraient* précisément où nous voyons commencer et s'enrichir le règne de l'intelligence, de la moralité et de la vie. Je ne saurais le concevoir, ni le croire.

Cette théorie nécessaire à l'ensemble du Monde, et qui l'arrondit à mes yeux, repose mon cœur et mon jugement, en leur rendant un compte satisfaisant et sensé des bonheurs très-nombreux, dénués de vraisemblance, qui, sans elle, seraient inexplicables aux Philosophes trop observateurs et trop logiciens pour se payer du mot de *Hasard* et de sa ténébreuse idée. Quant à ceux qui s'en contentent, que Dieu leur fasse paix ! Je n'argumente point avec eux ; ils ne me paraissent pas assez forts raisonneurs ; ce n'est point à leur usage que j'écris.

Mais, si la Création est aussi riche par en haut que par en bas; si le pas que nous avons fait à tâtons hors du monde visible, porte néanmoins sur le sol de la vérité; si elle est cette chose qui doit être, cette chose que la raison trouve indispensable, comment jugerez-vous qu'il nous soit possible d'intéresser à nous les protecteurs inconnus qui nous observent, et que nous n'appercevons pas?

Sera-ce en opprimant nos semblables, en manquant à leur confiance, en leur nuisant, en leur causant des chagrins? Quoi! nous-mêmes, quand nous accordons notre protection, le faisons-nous sans discernement? La prodiguons-nous à la méchanceté ou au vice? L'Agneau chéri qui reçoit le baiser et le pain, pourquoi jouit-il de cette faveur? Parce qu'il est plus aimable que ses compagnons, plus caressant, plus attaché à sa mère, plus docile à la voix de son berger. Le Bouc hargneux, pourquoi est-il frappé de la houlette? Parce qu'il met le désordre dans le troupeau, et qu'il abuse de ses armes. Et qu'est-ce qui motive le traitement si opposé qu'éprouvent de notre part le Cheval difficile et mutin et celui qui se montre généreux et affectionné ; le Chien querelleur, et le Chien sage, vigilant, fidèle?

Dans cette conduite que nous tenons, un principe très-marqué de justice, et de bienveillance fondée sur l'estime, se mêle au sentiment de notre intérêt. Ceux qui n'ont pas nos imperfections, doivent mettre encore plus de prix à ce qui est beau et bien en soi-même.

Nous ne pouvons donc espérer de plaire aux *Intelligences* d'un grade supérieur par les actes que l'Homme même trouverait odieux. Nous ne pouvons pas nous flatter davantage de les tromper comme les Hommes, par un extérieur hypocrite, qui ne fait que rendre le crime plus méprisable. Elles peuvent assister à nos actions les plus secrètes. Elles peuvent être instruites de nos soliloques, peut-être même de ceux qui ne sont point parlés. Nous ignorons combien elles ont de manières de lire ce qui se passe dans notre cœur : nous, dont la misère, la grossièreté, l'ineptie, bornent nos moyens de connaître à toucher, voir, entendre, et quelquefois analyser, conjecturer.

Cette maison qu'un Romain célèbre voulait faire bâtir ouverte à la vue de tous les Citoyens, elle existe ; et nous y logeons. Nos voisins, ce sont les Chefs et les Magistrats de la grande République, revêtus du droit et du pouvoir de récompenser et de punir même l'intention qui pour eux n'est pas un mystère. Et ceux qui en pénètrent le plus complettement les moindres variations, les inflexions les plus légères, ce sont les plus puissans et les plus sages.

« Augustes Témoins, s'il vous a plu » d'imprimer dans mon cœur une éternelle » et juste reconnaissance ; si vous avez eu » de l'indulgence pour mes défauts, si vous » avez fait grace à mes faiblesses, si dans » toutes les occasions importantes j'ai été » soutenu de votre secours presque visible ; » si vous avez souvent réparé mes erreurs, » si plus d'une fois vous avez renversé les » mesures de ma prudence inéclairée pour » y substituer de meilleures combinaisons ; » je le dois sans doute à ce que vous avez » trouvé mon âme honnête, pure et probe ; » à ce que vous m'avez vu en amour une

» constance invariable et toujours passion-
» née, une fidélité pleine de zèle en amitié;
» la disposition perpétuelle à sacrifier mon
» bonheur à celui des personnes qui avaient
» droit de compter sur mon attachement;
» une ardeur inépuisable à servir mes conci-
» toyens, le genre humain, la postérité; à
» ce que ces sentimens m'ont rendu labo-
» rieux malgré ma paresse, et patient quoi-
» qu'impétueux et colère; à ce qu'ils m'ont
» empêché d'envisager dans les places qui
» donnent de l'autorité rien de plus que les
» devoirs qu'elles imposent, et m'ont fait y
» conserver ma pauvreté soigneusement,
» connaissant par tous mes goûts la valeur
» très-réelle des richesses; à ce qu'ils m'ont
» fait, sans hésiter, préférer le bien public
» même à la gloire, que j'aimais avec folie.

» Hélas! le tems où j'aurais le plus grand
» besoin de vous s'approche, il accourt à
» pas de géant; je tremble qu'il ne soit déjà
» venu. Mon âge avance; il amène les véri-
» tables peines de la vie, sans remède et
» sans consolation: celles qui ne servent
» qu'à diminuer l'horreur de la mort et à

» répandre même une sorte de charme sur » son idée. Quand on n'est plus aimable, » il est bien rare, peut-être impossible » qu'on soit encore aimé ; et lorsqu'on » n'est plus aimé, lorsqu'également ambi- » tieux et sensible, on est seulement moins » aimé, il est encore plus impossible qu'on » soit heureux. Si vous pouvez influer sur » nos mouvemens intérieurs comme sur » notre destin, je ne vous demanderai pas » de réfroidir mon ame, ni aucune de mes » affections : puissé-je me dévorer moi- » même et périr plutôt que de changer ! » Mais je vous supplierai, au nom du Dieu » très-bon, notre Père commun, de me » garantir des passions irascibles et persé- » cutrices. Veuillez m'apprendre à supporter » mon sort, sans l'aggraver par ma faute. » Que le mortel que vous aimâtes, parce » qu'il sut célestement aimer, ne devienne » jamais haïssable ! Et que, s'il cesse d'être » chéri comme il voudrait l'être, il en de- » meure, au moins, jusqu'à son dernier » jour, aussi digne que sa nature pourra » le comporter. » . . . .

Rien n'est plus utile à l'Homme de bien que ce moyen, qui lui a été accordé pour le devenir encore davantage ; ce pouvoir d'élever nos résolutions et notre conduite au-dessus des douleurs qui nous accablent, de notre position, de nos inclinations, et presque de notre nature ; cette faculté d'établir, par la pensée, une sorte de communication entre notre âme et les autres Intelligences, dont elle reconnaît la supériorité, d'implorer ce qu'elles peuvent, ou ce qu'elles ne peuvent pas faire pour nous, d'en recevoir les conseils qu'elles nous donnent peut-être, et ceux même qu'elles ne nous donnent point.

Voulez-vous faire des progrès dans quelque art que ce soit? Ne prenez de leçons que des grands Maîtres, et ne vivez qu'avec eux. Voulez-vous augmenter vos talens, étendre la portée de votre jugement, accroître la force de votre tête, donner de la trempe à votre raison, épurer vos sentimens et votre morale? Ne cessez point de rendre service à tout le monde, par les bons offices et par l'instruction, sans pédanterie, sans fierté, et même avec une affectueuse bienveillance, qui se marque plus particulièrement aux honnêtes gens; mais n'ayez pour amis, s'il se peut, que ceux qui vous effacent en mérite, et ne descendez jamais pour vos liaisons intimes au-dessous de vos égaux. Si c'était à vos inférieurs en vertu, en lumières, en génie, que vous prodiguassiez un tel honneur, vòtre amour-propre pourrait d'abord être plus flatté de la distance qu'il appercevrait entre eux et vous, vous pourriez vous nourrir de leur encens abondant et inodore; mais bientôt vous deviendriez moins dignes, même de lui, et toutes vos perfections s'affaibliraient au bout d'un certain tems. Il ne faut mésallier ni son esprit, ni son cœur. Dans tout commerce entre gens de taille inégale, le petit se hausse et le grand se baisse nécessairement.

Tâchons donc d'avoir, autant qu'il peut dépendre de nous, affaire à ceux par rapport auxquels nous sommes petits, et sentons notre petitesse. S'il nous importe tant de n'admettre à notre complette amitié, à

notre

notre confiance entière, à notre société assidue, que des Hommes de la première élite ; si la douce lutte d'affection, de zèle, de bonté, de capacité qui se renouvelle sans cesse entre eux et nous, contribue à nous améliorer chaque jour, que ne gagnerons-nous pas à leur donner, pour ainsi dire, des adjoints meilleurs et plus parfaits encore, qui ne soient sujets ni à nos intérêts ignobles, ni à nos passions, ni à nos erreurs, et devant qui nous ne puissions nous empêcher d'en rougir !

Ceux-là ne varient pas, ils ne nous abandonnent point, ils ne s'éloignent jamais. Nous les trouvons dès que nous sommes seuls. Ils nous accompagnent en voyage, dans l'exil, en prison, au cachot. Ils voltigent autour de notre cerveau réfléchissant et paisible, durant les nuits, dont ne se sont point emparés les Amours. Nous pouvons les interroger ; et toutes les fois que nous le tentons, on dirait qu'ils nous répondent. Pourquoi ne le feraient-ils pas? Nos amis absens nous rendent bien un pareil service ; mais seulement ceux de nos amis qui nous inspirent un grand respect. Nous pouvons même éprouver quelque chose de semblable d'un personnage imaginaire, s'il se présente à nous comme réunissant beaucoup de qualités héroïques et bonnes. Combien de fois dans les occasions épineuses, au milieu du combat des passions diverses, ne me suis-je pas dit : Que ferait en ce cas *Charles Grandisson ?* Que penserait *Quesnay ?* Qu'approuverait *Turgot ?* Que me conseillerait *Lavoisier ?* Qu'est-ce qui pourra plaire à sa vertueuse compagne ? Comment aurai-je le suffrage des Anges ? Quelle action sera le plus conforme à l'ordre, aux loix, aux vues bienfaisantes du *Roi majestueux et sage de l'Univers ?* Car on peut ainsi porter jusqu'à DIEU l'invocation salutaire et pieuse, l'hommage, les élans d'une âme avide de bien faire et soigneuse de ne pas s'avilir.

Hé ! m'allez-vous dire, qui consultez-vous donc, lorsque vous parlez à vos amis morts, ou à ceux qui demeurent à trente lieues, ou aux Êtres que vous supposez et qui ne vous répondent que de la même manière ?

Qui je consulte ? Ma raison, sans doute ;

ma conscience, ma propre délicatesse. On ne consulte jamais autre chose, même lorsque l'on confère avec ses amis présens, qui, en nous disant leur pensée, ne font que nous épargner la peine de la deviner d'après leur caractère. Quel autre raisonnement que le nôtre peut nous convaincre? Quelle autre volonté que la nôtre doit nous déterminer? Nous sommes intelligens, par conséquent libres : nous n'appartenons qu'à nous. Mais dans la solitude, entouré de l'image de mes amis, de l'assemblée des Puissances Aëriennes, des différens Chœurs de Séraphins, et placé au pied du Trône de Dieu, cette raison, cette conscience, cette délicatesse, seules facultés par lesquelles la lumière divine puisse arriver jusqu'à moi, je les consulte alors aggrandies par la recherche d'une raison supérieure, désintéressées de moi-même par l'examen et le sentiment d'une convenance plus générale et plus noble, exaltées par la contemplation du *beau idéal*, plus touchant, plus enivrant, plus maîtrisant, plus enchanteur en morale un million de fois qu'il ne l'est au physique, sous le pinceau séduisant du *Guide* ou de l'*Albane*; ou sous le crayon plus pur encore de *Raphaël.*

Vous, qui aimez les Arts; vous, qui avez copié *Raphaël;* vous, sur-tout, qui, dans votre vie entière, avez toujours tout sacrifié à *l'honnête*, vous ne regarderez pas l'étude et le culte du *beau idéal* comme un jeu de l'imagination. L'imagination y sert, elle est le bras de la raison pour atteindre aux objets non-perceptibles par les sens qui nous sont communs avec la chaîne inférieure des animaux. L'imagination est un sens mitoyen, jetté comme un pont entre le règne animal terrestre et les autres règnes d'un ordre plus relevé. Elle a été donnée pour cet usage au plus distingué des animaux visibles à l'œil. Comme les autres sens, elle n'a pas chez tous un même degré d'activité, mais je n'ai rencontré aucun homme qui en fût privé entièrement. S'il en était un, ce serait un individu qui manquerait d'un des sens de son espèce; et, si ce défaut se trouvait chez lui compensé par d'autres qualités, il pourrait encore avoir un grand mérite, il pourrait être infiniment estimable, pourvû qu'il ne tirât point vanité de cet accident de son organisation, et qu'il ne méprisât pas ceux qui sont plus heureusement conformés qu'il ne le serait. *Sauderson* était né aveugle, et fut un bon Observateur, un assez grand Géomètre, qui aurait bien voulu avoir des yeux. L'Abbé *Sicard* a un élève (*Massieu*) plein d'esprit, de lumières et d'un vigoureux génie, sourd et muet. Il est capable d'éclairer les Hommes qui entendent et qui parlent, et il leur témoigne beaucoup de considération.

L'Imagination est la Colombe de Noé : elle vôle à la découverte. La Raison juge ensuite ses rapports comme ceux du Toucher qui s'y traîne, comme ceux de l'Ouie, de l'Odorat et du Goût, qui, dans leur niche, attendent la Vérité ; comme ceux de la Vue qui court au-devant d'elle. La Raison rassemble les notions que lui ramène chacun de ses agens très-inégaux ; elle les compare entr'elles et aux faits qu'elle a déjà pu constater. Elle admet comme *certain* ce qui s'accorde exactement avec les phénomènes et l'analogie ; comme *douteux* ce qui n'a que plus ou moins de vraisemblance et ne peut être affirmé, ni nié positivement.

Il est *certain* qu'au-dessus de la justice, et de la portion de bienfaisance qui en fait partie, comme n'étant que l'acquit des dettes de notre jeune âge, il peut y avoir dans la direction des passions, dans l'emploi des facultés, dans l'usage des talens, dans le travail pour les augmenter et les tourner à l'utilité d'autrui, dans la culture de soi-même, dans l'appel fréquent des pensées améliorantes, dans les services de l'amitié, dans le servage de l'Amour, dans la tendresse des fils, des époux, des pères, dans le dévouement à la patrie, dans le zèle pour l'humanité et pour les races futures ; une droiture d'intention, une patience contre les dégoûts et l'ennui, un courage contre les fatigues et la souffrance, une longanimité, une activité, une pureté, une flâme éthèrée, une perfection soutenue, qui constituent le romanesque de la bonté et de la vertu, et qui ne sont rigoureusement obligatoires que pour les âmes capables d'en concevoir l'idée.

Il est certain qu'on ne peut chercher le type et le modèle de ce degré de bonté qu'au sein de la Divinité même, source unique de tout bien ; que moins on est imparfait, plus on s'en forme une resplendissante image, et que plus on la considère, plus on diminue ses imperfections ; qu'elle doit être plus vive et moins incomplette pour les Êtres placés dans la création entre Dieu et nous, en raison de ce qu'ils sont plus loin de nous, plus près de lui. Les meilleurs des Hommes peuvent entrevoir ce terme ineffable, y tendre, travailler constamment à s'en approcher un peu, non l'atteindre. Mais, si nous ignorons jusqu'à quel point peuvent se porter nos progrès, sentons notre devoir, mettons notre bonheur à ne les pas limiter lâchement, quand la Nature ne l'a point fait. Persévérons sans jamais reculer, sans jamais nous arrêter dans cette belle et noble carrière ; et que la mort nous y surprenne le pied levé, les mains en avant, le désir dans son ardeur, l'attention tendue, gravissant contre les difficultés, pour achever, si nous le pouvions encore, un pas de plus. Chacun de ceux qu'on a fait, facilite celui qui doit le suivre. Eclairés d'abord par un faible crépuscule, si nos regards restent fixés vers l'Orient, chaque moment nous amène une plus grande lumière, couvre à nos yeux le ciel et la terre de beautés, fait disparaître les obstacles que dans l'obscurité nous avions cru voir à notre marche, nous environne pour nous conduire d'une clarté nouvelle. Avançons : le salaire, on ne peut pas dire de cette peine, le salaire journalier de cette occupation délicieuse, est dans le plaisir même dont elle inonde notre cœur, et dans le juste espoir qu'en méritant davantage qu'on nous aime, nous deviendrons plus chers à tous ceux qui nous connaissent, depuis Dieu jusqu'aux amis qu'il nous a donnés pour être envers nous sur la terre les premiers distributeurs de ses bienfaits.

Et peut-être n'est-ce pas tout. Peut-être dans sa munificence, voudra-t-il joindre à tant de récompenses assurées, qui certes pourraient nous suffire, d'autres largesses que nous ne concevons pas aussi clairement. C'est encore un des points qu'il nous est permis de présumer, impossible de *savoir* d'une science certaine, qui n'est pas évidemment démontré comme nous l'a été l'existence des Êtres plus parfaits que l'Homme, remplissant de l'Homme à DIEU l'intervalle immense qu'y mettent notre faiblesse et sa grandeur. Mais c'est un point qui dans un monde organisé, animé par des transmutations perpétuelles, doit être rangé parmi les choses non prouvées, au nombre de celles qui sont le plus probables, et qu'il est le plus raisonnable de croire.

Pesez le sens de ce mot. CROIRE signifie DOUTER *avec de fortes raisons pour affirmer*. NE PAS CROIRE signifie DOUTER *avec des raisons qui paraissent plus fortes pour nier.* Lorsqu'il n'y a point de *doute*, il n'est plus question de *croire* ou de *ne pas croire.* On *affirme* ou l'on *nie :* on *voit*, on SAIT : on est *sûr* et *certain :* c'est ainsi qu'on a toujours parlé.

Nous qui ne voulons pas *croire* sur la

parole d'autrui, et qui n'admettons une idée, même aux honneurs du *doute,* que d'après nos propres observations, examinons les raisons qu'il y aurait *de ne pas croire* que nous puissions recevoir des récompenses après notre mort; et celles qui me semblent plus puissantes et me poussent à *croire* qu'il entre dans la constitution générale de la Nature, et dans les loix organisatrices du Monde, d'élever, de promotions en promotions, à un état toujours plus noble et toujours plus heureux, les Êtres intelligens qui en prouvent le désir, en y aidant eux-mêmes par les efforts qu'ils font sans relâche pour perfectionner leur intelligence et leur morale, et qui, ne se bornant pas à en occuper leur esprit, en font la passion de leur cœur et la règle de leurs actions. Mais ne combattons que de la hache. S'il fallait nous traîner sur les arguties de collège et le galimathias des Théologiens, ce petit Livre, d'environ deux cents pages, qui ne laissera rien d'important en arrière, aurait quatre-vingt volumes, et ne tiendrait pas dans trente têtes. Il faut qu'il soit à l'aise dans une, et qu'il y laisse de la place pour les autres sciences. Comment pourrait-on vivre dignement et vertueusement, s'il était nécessaire d'employer sa vie entière à l'apprendre? Que notre science soit claire, précise, et nerveuse; qu'elle puisse être comprise par tous les Hommes qui ne sont pas ineptes, par les Femmes, par les Adolescens; qu'elle contribue à les rendre sages, bons, et heureux; et si, pour nous, il n'y a point d'autre vie, j'en serai content dans celle-ci : s'il y en a une autre, j'en serai content jusqu'à la consommation des siècles.

Toute cette question, sur laquelle on a tant écrit, tient à un seul fait qui n'est pas aisé à connaître, et n'a jamais été bien discuté : *Qu'est-ce que nous sommes?* Qu'est-ce qui, *en nous*, constitue *le* NOUS?

Si nous ne sommes pas uniquement une Ame, ni uniquement un Corps, uniquement un Principe intelligent, ni uniquement une Machine; si le NOUS est composé de l'union du Principe intelligent et de la Machine, il sera clair que les deux Principes une fois séparés, quand même l'intelligence devrait survivre, le *nous*, l'Homme se trouvera totalement détruit, et peut-être que le Principe intelligent lui-même privé d'organes, ne pourra plus éprouver de sensations, être heureux, ni malheureux, récompensé, ni puni.

Quand l'Être intelligent devrait revêtir d'autres organes, animer un autre corps, il deviendrait alors un second Être, un autre *Lui*, absolument différent du premier, et dont l'existence, plus ou moins heureuse, ne pourrait servir à récompenser ou à punir le premier que par la mémoire de la bonne action ou du délit, et de leur liaison avec l'état subséquent qu'il éprouverait. Or, si cette transmigration des Êtres intelligens, si cette transmutation d'un animal à un autre, plus ou moins parfait, a lieu, il y a grande apparence que depuis la durée du Monde nous n'arrivons pas pour la première fois dans l'Univers ; et cependant nous n'avons aucun souvenir de ce que fut notre Principe intelligent, ni du corps qu'il animait, avant que son union avec notre corps en eût composé *nous*. Sur quel fondement supposerions-nous donc qu'il en sera tout autrement après que le NOUS actuel aura été dispersé et anéanti ?

La donnée admise que le NOUS ne consiste que dans l'assemblage de notre intelligence et de nos organes, les deux argumens n'ont point de replique.

Mais si le véritable NOUS ne renferme que notre intelligence, notre faculté de sentir et de raisonner sur nos sensations ; si notre corps et les organes dont il est composé ne sont qu'une machine *à notre service*, c'est-à-dire à celui de l'Intelligence qui serait le NOUS (8) ; si les bornes du pouvoir présent de cette Intelligence ne tiennent pas à sa nature intelligente, mais seulement à la plus ou moins grande perfection de la machine

---

(8) Les Grecs donnaient à *l'entendement*, à *l'âme*, prise dans le sens *d'intelligence*, le nom de Νόος, Νοῦς, dérivé de Νώ, *nous deux* : comme qui dirait le *nous* qui est avec *nous*, le *nous en nous*. Ces Grecs ont pensé à bien des choses.

qui lui a été donnée à règir ; si elle peut même perfectionner et cette machine et le parti qu'elle en tire, comme nous le voyons par les bons effets de la Gymnastique, de l'Hygienne, de la réflexion, du retour sur nous-mêmes, de l'application au raisonnement, de la considération de ce qui est bon, beau et honnête, du ferme propos et de l'habitude d'en suivre avec amour la direction; la Thèse change, et toutes les conséquences doivent changer.

J'avoue que cette seconde supposition me paraît la vraie ; et j'espère vous montrer avant de finir cet Écrit, qu'elle est celle qui s'accorde le mieux avec les loix générales, avec l'ordre équitable et plein de raison qui règne dans l'Univers. Il me semble que le MOI n'est ni mon bras, ni ma tête, ni un mélange de membres et d'esprit; mais le Principe intelligent qui marche par mes jambes, frappe ou travaille par mon bras, combine par ma tête, jouit et souffre par tous mes organes. Je ne vois dans ceux-ci que des *conducteurs* propres à m'amener des sensations, et des *serviteurs* à mon usage. Jamais je ne me persuaderai que le MOI soit autre chose que ce qui sent, pense, et raisonne en moi.

Si je n'ai pas tort, et s'il n'y a point d'autre *Du Pont* que celui qui vous aime, où est la difficulté que, lorsque sa maison sera détruite, il en cherche une nouvelle par son intelligence, qui lui resterait; qu'il la sollicite et la reçoive, soit de l'assemblée des Êtres intelligens qui furent ses supérieurs immédiats, si cette République se gouverne démocratiquement; soit plutôt du DIEU rémunérateur, si c'est une Monarchie, comme l'unité de principes l'indique avec plus de vraisemblance; soit même de quelque loi de la Nature qui nous serait inconnue; laquelle, pour animer les corps des Êtres intelligens supérieurs, donnerait la priorité aux principes intelligens qui auraient tenu la meilleure conduite dans un corps d'un ordre inférieur; à celui qui se serait le plus élevé au-dessus de la portée commune des autres Êtres intelligens emmaillotés, comme lui, sous les organes d'un animal de la même espèce.

Un enfant commence par mener, puis monter un Ane, et lorsqu'il s'en tire bien, et qu'il devient Homme, on lui confie un Cheval. En Arabie, on prend parmi les habiles Ecuyers, ceux que l'on veut charger des Chameaux ; et aux Indes, les Chameliers qui savent gouverner par la bienveillance et la douceur sont préférés pour devenir *Cornacks* ou Conducteurs d'Eléphans, lorsqu'il y a vacance chez ceux-ci.

Ces règles de promotion sont dictées par la Raison et par la Justice à toutes les Intelligences supérieures chargées d'administrer et de récompenser des Intelligences inférieures.

Il est possible que les Êtres fort au-dessus de l'Homme puissent acquérir et gouverner tant pour leur utilité que pour leur plaisir, des troupeaux d'Hommes et d'autres Êtres déjà supérieurs à l'Homme, comme nous rassemblons et gouvernons des troupeaux de bêtes à cornes et à laine, d'immenses familles de coquillages ou d'insectes, et des plantes beaucoup plus nombreuses encore. Nous dévorons une multitude de grains de bled.

bled. Nous en choisissons d'autres et les plus beaux pour faire race, pour jouir des douceurs de la végétation et de l'amour. Nous greffons des arbres ; nous changeons leur nature et leurs qualités ; nous faisons porter des pêches à un prunier, des pommes à un coignassier, cinq ou six fruits différens au même arbre. Nous mêlons même les animaux, et nous leur faisons enfanter des mulets, dont quelques-uns sont féconds ; nous avons créé plusieurs races d'oiseaux ; quelques-unes de quadrupèdes, prodigieusement de fruits. Dans tous ces travaux, ce sont la beauté et la bonté des sujets qui nous déterminent. Nous semons dix mille pepins, cinq ou six individus se trouvent bons ; ceux-là seuls sont conservés pour prêter leur nature aux autres, à qui l'on coupe la tête et on ne laisse l'existence que sous condition de la modifier. Marchant, comme le demande la Philosophie, du connu à l'inconnu, c'est toujours par l'exemple de ce que nous faisons, avec une très-faible dose d'esprit et de pouvoir, que nous devons juger de ce qui est possible aux Êtres qui ont vingt fois, cent fois, mille fois plus de sens, d'organes et d'intelligence que nous; et que nous devons sur-tout avoir honte de nier, à leur égard, ce qui ne s'écarte pas des règles de l'analogie.

Il est possible qu'un corps soit une espèce de métairie, de commanderie, conférée à un principe intelligent, en raison de ses services et de son mérite; et qu'un corps plus parfait dans la même espèce, ou d'une autre espèce plus parfaite, soit la récompense naturelle de l'Être intelligent qui, dans un moindre poste, sût se montrer et se rendre habile et vertueux. Il est possible, vraisemblable et juste, que son supérieur, ou que le Supérieur des supérieurs lui dise : *Euge, serve bone et fidelis, quia super pauca fuisti fidelis, super multa te constituam.*

Il y a, peut-être même, quelque induction à tirer de la ressemblance frappante qu'on trouve entre certains hommes, et certains animaux. Quand je me vois les yeux, le front, le nez, le menton, le col, les reins, la marche, les passions, le caractère, les défauts, les vertus, la prud'hommie, l'orgueil, la douceur, la colère, la paresse, la vigilance, l'opiniâtreté à ne point lâcher prise, d'un Dogue de forte race : je n'ai aucune répugnance à *croire* que j'étais, naguères, un très-honnête chien, singulièrement fidèle et obéissant à maître et à maîtresse, cherchant et rapportant à merveille, caressant les enfans, exact à la règle, défendant les récoltes, gardant le troupeau le jour, et la porte la nuit, levant la jambe contre les roquets, brave jusqu'à ôser attaquer le Tigre, au risque d'en être mangé, coëffant le Sanglier, et n'ayant aucune peur du Loup. Pour ces bonnes qualités, obscurcies par quelques hogneries, quelques querelles déplacées et quelques caresses inopportunes, on devient l'animal que je suis : assez généralement estimé, aimé de quelques personnes, et les aimant bien davantage; à tout prendre, fort heureux; tracassé quelquefois mal-à-propos par ses amis, ne pouvant l'être impunément que par eux, et sensible à cet accident comme un pauvre chien qu'on fouette avec injustice.

Le Paradis des Chrétiens, où l'on ne fait

que chanter ; et où l'on ne regarde et n'aime rien que le Père éternel, qui voulut néanmoins que toutes ses Créatures fussent bienfaisantes comme lui, en raison de leur capacité et de leur excellence, qu'elles s'entr'aidassent, et partant, qu'elles s'aimassent les unes les autres, est le moins vraisemblable et le moins ingénieux des Paradis.

Celui de Mahomet, beaucoup plus gai, paraît trop animal, ou trop humain.

Celui des Poëtes Romains et Grecs, avec la belle promenade et les sublimes conversations de l'*Élisée*, serait agréable le premier jour, et supportable le second, mais au bout de la semaine, amenerait un grand ennui. Il faudrait le mahometiser un peu.

Les Enfers de presque toutes les Nations, et de presque toutes les Religions, le Phlégèton, le Styx, la Géhenne du feu, les Furies, leurs Serpens, les Diables de Calot, les vents, la neige, les fouets armés de Scorpions, les alimens empoisonnés, la fumée, les cendres, l'eau glacée, les vastes chaudières d'huile bouillante, et les lits de souffre enflammé, et le désespoir, plus effroyable encore, et tout cela, pendant l'éternité, pour des fautes passagères, sont le comble de la démence atroce, de l'injure, de la calomnie, du blasphême contre la Divinité.

Les Gymnosophistes, les Brachmanes et leur élève *Pythagore*, ont seuls eu quelques conceptions raisonnables, respectueuses et saintes, sur la proportion des peines avec les délits, et sur la nature des récompenses. J'exposerai leur doctrine, en la complettant par une idée profonde du penseur *Leïbnitz*, et par l'observation d'un grand fait général qui nous montrera, comment les punitions étant limitées, les récompenses peuvent être sans bornes : vérité qui m'est chère, parce qu'elle est consolante et neuve; parce qu'elle pourra faire naître chez les Hommes, et même au-dessus d'eux, une bien noble et bien salutaire ambition; parce qu'elle est conforme à la Physique, à la Morale, à la Philosophie de l'Univers, à la dignité de DIEU *et du Monde*.

C'est un bel ouvrage que le Monde, et une belle collection d'Ouvrages toujours vivans, toujours s'entretenans, toujours se renouvellans les uns les autres. Dans leur perpétuelle vicissitude, tout est utile; la matière n'y est pas laissée oisive, l'intelligence encore moins. Un corps est détruit; vingt autres en sont formés, qui se détruisent, et en refont un nouveau. Un Être intelligent passe, d'autres Êtres intelligens brillent aussitôt à la place qu'il occupait : *uno avulso, non deficit alter.* Chacun d'eux travaille, et tous ces travaux ont leur effet, leur fruit, leur récompense. Tous ceux d'entr'eux qui sont bien faits, et dans un louable dessein, servent d'échelle et de voie à des travaux plus grands, plus ingénieux, plus profitables.

Gardons-nous d'imaginer qu'au-dessus de l'Homme soient l'inertie, l'indolence, une immobilité stupide. C'est ce qu'on trouverait dans les Fables religieuses de la plupart des Peuples ; dans les Fables philosophiques d'Épicure, et d'une école moderne, qui sut écrire, et sut très-peu penser; c'est ce qui, dans la réalité, ne saurait être. Nous voyons une partie de la sagesse éternelle; empruntons-lui des aîles, pour approcher de l'autre; efforçons-nous d'en deviner les secrets, d'entrevoir comment elle peut répandre, à torrens progressifs, la bienfaisance, la justice, la raison, la moralité, depuis la *Monade* jusqu'à Dieu. Si nous rêvons, du moins rêvons en Philosophes : rêvons en enfans d'un très-bon Créateur. Quand notre intelligence a la pieuse audace d'interroger la sienne, qui sait si elle n'en sera point éclairée?

Il paraît que les Êtres intelligens créés éprouvent le besoin d'animer des corps; et cela est très-naturel, car formés au sein de *la Matière, seule Épouse de* Dieu, ils furent faits pour des corps, et peut-être avec une espèce de corps extrêmement léger et subtil, miscible à ceux que nous appelons organisés comme l'*Alkool* (9) l'est à l'eau,

---

(9) *L'alkool* est *l'esprit ardent* obtenu par la distillation des matières qui furent sucrées, après qu'elles ont subi la fermentation vineuse. On l'appelle communément *esprit-de-vin* : mais cette expression rétrécit trop l'idée, sur-tout pour les personnes qui n'attachent le nom de *vin* qu'à celui qui est produit par le jus des raisins. La bierre, le cidre, le poiré, qui sont des espèces de vins,

doué d'une expansibilité volontaire et spontanée, qui imprime aux corps organisés auxquels ils sont unis, un mouvement en apparence contraire aux loix de la mécanique : comme l'expansibilité de l'air emprisonné dans le nitre, excitée tout-à-coup par l'incendie du souffre et du charbon, lance un boulet de canon d'une manière qui paraît, à ceux qui n'en connaissent pas la théorie, contrarier beaucoup les loix de sa pesanteur.

C'est, sans doute, sur ce besoin de diriger des organes, et sur le bonheur qu'ils y trouvent, qu'est fondée l'horreur que tous les Êtres intelligens montrent pour la destruction de leur corps, et la résistance qu'ils opposent à qui veut les séparer des organes qui le constituent, ou donner la mort à l'animal que leur intelligence vivifie. Le plus mauvais des corps, excepté dans quelques momens passagers de désespoir,

---

sans en porter le nom que scientifiquement. le miel quand il est devenu hydromel, la melasse, le sucre, lorsqu'ils ont éprouvé une fermentation semblable, donnent de *l'esprit ardent* ou de *l'alkool*. Et de quelque matière qu'elle soit tirée, c'est une propriété de cette liqueur d'être parfaitement miscible à l'eau dans toutes les proportions.

leur paraît meilleur que point. Tel qu'il soit, ils s'y affectionnent; mais c'est pour eux une jouissance éminente que d'avoir un bon corps, revêtu de puissans organes, et déployant un grand nombre de sens. La Nature, la bienfaisance divine ne peuvent leur en prêter qu'à terme : nous avons vu que la mort était une condition de la vie, et même une condition à laquelle sont attachés ses plus grands avantages.

Cette condition remplie, si, comme je le crois, l'Être intelligent survit à son enveloppe, il demeure dans l'état de *Monade*. Mais comme il ne peut pas perdre son intelligence, car pour lui ce serait mourir, il doit, dans cet état même de privation de ses organes extérieurs, conserver le sens interne, la mémoire, le remords de ses fautes, l'espoir dans ce qu'il a fait de bien; le desir véhément de gouverner encore quelque chose, d'administrer un corps quelconque; l'ambition d'obtenir une existence plus heureuse que celle qu'il vient de quitter; la faculté d'invoquer mentalement ses Juges, ses Supérieurs, ou le Juge suprême de toutes les actions et de toutes les pensées, le Supérieur général de tous les Êtres, pour qu'ils le renvoient, le plutôt possible, à la vie, aux jouissances, aux moyens d'agir, de couvrir ses torts par une meilleure conduite, de mériter son avancement.

Jusqu'à ce qu'il soit jugé, cet état d'attente, qui peut être prolongé plus ou moins, est déjà pour lui une expiation, un *Purgatoire*, une grande occasion de réflexions et de bonnes résolutions, un perfectionnement de son Être.

Qu'il soit possible à l'Être intelligent, sous la forme rétrécie et condensée de *Monade*, d'éprouver tout ce que je viens de peindre, dans l'atôme aërien ou igné qui la renferme, et que cette *Monade* n'ait pas besoin de la présence des objets pour se les rappeler fortement : c'est ce dont notre état de songe nous donne un fréquent exemple.

Qu'un même principe intelligent puisse animer successivement diverses créatures, recevoir, sous une figure et une *séité*, la récompense du travail qu'il fit sous une autre, jouir de plusieurs vies; c'est ce que nous voyons par les insectes, d'abord reptiles ou poissons, puis chrysalides, enfin oiseaux ; et ayant une industrie et des mœurs toutes différentes, quand ils travaillent en rampant, en nageant, en filant, en tissant des étoffes, en taillant du bois, en maçonnant ; quand ils sommeillent et rêvassent dans leur coque ; et quand ils fendent les airs et font l'amour : nymphe agonisante, et papillon sans force et sans plaisir, si leur chenille n'a pas été active et laborieuse. Non-seulement ils ont le même principe intelligent, ils sont manifestement pour nous, mais non pas pour eux, le même individu matériel ; quoique le premier et le dernier aient été chacun un animal parfait ; quoique leurs organes, leurs fonctions, leurs passions, leurs raisonnemens soient entièrement dissemblables, et qu'il n'y ait pas apparence que le Papillon, le Hanneton ou la Moustique, ni leur principe intelligent conservent le souvenir de leur premier état.

Ce souvenir de la vie précédente serait un puissant secours pour celle qui la suit.

Quelques Êtres supérieurs à l'Homme, lorsqu'ils sont en marche graduelle de perfection et d'un avancement non interrompu, ont peut-être cet avantage comme récompense de leur vertu passée : car tout bien produit un bien. Il ne doit pas, sans doute, être accordé à ceux qui ayant mérité la dégradation, ou n'étant point encore parvenus au rang des animaux dont la moralité peut s'élever jusqu'à Dieu, sont éprouvés par la justice ou la bienfaisance divine, d'après leurs seules forces, en commençant, ou recommençant, entièrement à neuf, cette carrière initiative de la haute moralité.

Tel paraît l'état de l'Homme, placé aux limites de deux règnes : le premier des Êtres animés visibles par ses yeux, palpables par sa main ; le dernier de ceux dont la morale s'étend au-dessous d'eux pour protéger, au-dessus d'eux pour s'instruire, dont la raison peut atteindre jusqu'aux sciences qui embrassent le monde entier, jusqu'à l'idée d'une cause première et d'un bienfaiteur universel. On a pu dire à son intelligence si elle a été punie : « Ta peine est terminée,

» le passé est oublié, on t'accorde de n'en » plus gémir et de l'oublier aussi. Bois du » Léthé. Il s'agit à présent de savoir si tu » seras bon par toi-même, par amour de la » vertu et de ses conséquences immédiates, » sans espoir assuré pour l'avenir, sans » crainte mémorative de ce que tu as souf- » fert. Pars, essaye du destin de l'homme; » il t'est permis d'animer un fœtus. »

Les animaux inférieurs, qui ne savent pas et ne peuvent comprendre s'il y a un ensemble général et des loix divines, ont encore moins besoin de ce souvenir qui ne leur servirait à rien. On peut juger qu'entre eux, et d'eux à l'homme, et entre les hommes, les promotions s'effectuent d'elles-mêmes, à peu-près selon *l'ordre du tableau:* passant d'un animal médiocre dans son espèce, à un du premier rang de la même espèce: puis du premier animal d'une espèce à un des derniers dans l'espèce supérieure. Cet ordre n'est que la justice envers des Êtres qui n'ont pas une réflexion profonde et ne sont pas susceptibles d'une haute moralité; mais n'en est pas moins utile à la morale universelle, car il donne lieu à reculer plus bas un Principe intelligent qui s'est rendu coupable. Il doit être très-amer à l'âme d'un homme, ou de bien plus qu'un homme, après avoir langui dans sa *monade* dévorée de remords, au fonds d'une aiguille de nitre ou d'un grain d'argile, d'implorer et de recevoir comme grâce la permission de faire végéter un lichen, un agaric, un fucus, et de suivre avec lenteur toutes les révolutions, tous les grades du règne végétal et du règne animal, avant de regagner le rang dont elle a mérité de décheoir. D'autres moins criminelles peuvent être moins ravalées. D'autres qui n'ont eu que des faiblesses, qui s'en sont repenties, qui ont cherché à les réparer, peuvent ne perdre qu'un ou deux grades, ou être placées sans avancement par prolongation d'expérience dans un autre égal au leur.

Voilà un Enfer proportionné aux délits et à leur intensité : non éternel pour des erreurs qui ne durèrent qu'un moment : non cruel et sans pitié comme celui d'un Diable capricieux, implacable et féroce ;

mais équitable et indulgent comme les châtimens d'un père. On y entend point de heurlemens. On n'y voit *ni grincemens de dents, ni pleurs.* C'est la main d'un Dieu de miséricorde, qui pardonne même en punissant, qui met à portée de revenir à lui, de se corriger, de se perfectionner, de mériter encore ses bienfaits : qui ne cesse pas d'en répandre quelques-uns sur ceux même qui ont des fautes à expier, comme un gouvernement sage et humain s'occupe à procurer aux prisonniers de la loi un air pur et salubre, une nourriture abondante et saine, un travail utile et améliorateur. Dieu n'est pas le Dieu du mal; et il n'y a de mal dans le monde que celui qui vient des propriétés essentielles de la matière, et de l'abus que les Êtres intelligens créés et fabriqués de matière peuvent faire et font quelquefois de leur liberté. Toute cruauté est horrible aux yeux de celui qui mit son bonheur, sa puissance et sa gloire à produire la vie, la raison et l'amour. Rien de méchant ne peut dans son être, ni dans ses actions, trouver aucune place auprès de son infinie bonté. Ses punitions même, toujours justes et inévitables, mais toujours sages et modérées, ne sont pas précisément *un mal :* elles ne sont que la privation de quelque bien. Elles sont dans cette vie la privation de la paix intérieure, celle de la considération, de l'estime, de l'amitié, du moral de l'amour, et de toutes les douceurs, de toutes les jouissances, de tous les secours qui en sont la suite. Elles sont après cette vie les remords, l'attente et la dégradation. Mais elles laissent toujours la porte ouverte au repentir et à l'espérance : Déïtés secourables, chargées de ramener plus tôt ou plus tard tous les Êtres intelligens aux louables pensées, aux résolutions vertueuses, aux actions bienfaisantes, à la consolation, au bonheur.

Si c'est ainsi que punit le DIEU des Mondes, ô combien sait-il récompenser !

Vous en connaissez la nature et l'espèce de ces récompenses ineffables qu'il prodigue à ses enfans, à ses imitateurs, vous esprits élevés, cœurs sensibles, qui avez goûté dans tout leur parfum le plaisir de bien penser et la volupté de bien faire ; vous qui avez joui des accens de la reconnaissance que vous ne cherchiez pas, et des bénédictions de l'infortune respectée et soulagée ; vous qui avez parcouru, étendu la carrière des sciences utiles, et qui dans vos travaux pour le bonheur du genre-humain, vous êtes complus aux avantages qu'il en retirerait, sans daigner songer si l'on saurait ou non qu'ils fussent votre ouvrage ; vous sur-tout, qui n'ayant jamais avili, offensé ou dépareillé l'Amitié, ni l'Amour, avez pu sans crainte et sans honte leur livrer votre âme toute entière ; qui justement fiers de votre choix, et ne voyant rien de plus parfait que ceux qui l'ont fixé, avez eu la satisfaction si délicieuse de vous rendre meilleurs chaque jour en vous enivrant d'une tendresse chaque jour plus active, plus profonde, et de doubler, de tripler votre existence, vos talens, vos vertus, vos forces, votre bonté, en réunissant, comme en un seul individu, deux ou trois Êtres intelligens également estimables.

Ne croyez pas que pour être monté au rang d'une créature *sur-humaine*, et avoir atteint un état supérieur de récompense, on soit susceptible d'un autre genre de félicité. Celle dont vous avez fait l'épreuve s'étend jusqu'à l'empyrée. On peut seulement la pomper par des sensations plus multipliées et plus diverses. Elle pénètre plus avant dans des âmes encore plus pures, plus développées, plus énergiques.

Telle est toujours l'effet d'une organisation plus riche, et d'une plus grande intelligence qui emploie mieux son organisation.

Parmi les Hommes même vous voyez différens degrés, plusieurs échelons possibles de punitions et de récompense.

Quelques-uns sont *méchans.* Devenus incapables d'un généreux amour-propre, d'estime, d'amitié, de véritable amour, ils n'ont de jouissances que celles qui sont inséparables de l'animalité; ils paraissent des Êtres déja pervertis et dégradés, qui courent en insensés, en furieux, à l'abyme d'une plus pénible et plus honteuse dégradation.

D'autres sont presque *Brutes*, et ne peuvent connaître que le bonheur des brutes. Mais s'ils sont sans vices, et s'ils ont de la bonté, ils peuvent dans une seconde vie, passer à l'état complet *d'hommes ;* à cet état moyen qui semble le type de *l'humanité*, où l'on travaille avec assez d'intelligence, comme on l'apprit de ses instructeurs et de ses ancêtres, sans perfectionner beaucoup ; où l'on ne fait point de mal, où l'on fait le bien qu'un esprit ordinaire peut concevoir : où l'on aime avec tendresse, sans ivresse, selon ce qu'exige et ce que permet l'Histoire de la Nature, ne se doutant pas qu'elle ait un Roman : état déjà très-doux et très-respectable, dont l'idée plaît aux cœurs honnêtes et leur donne quelque émotion.

C'est quand on a rempli cette sage et bonne carrière de l'Homme de bien, qu'on peut, si elle a été mêlée de fautes sérieuses qui retardent l'avancement, en recommencer une pareille ; ou, si les fautes n'ont été que légères, parvenir par une troisième station sous la figure et les organes humains, à s'approcher du Sylphe, du Salamandre et de l'Ange, en s'élevant de la probité à la vertu, de l'affection à l'amour, et du bon sens au génie.

Arrivé à cette honorable frontière des

deux règnes, si l'on n'y abuse point de ses talens, si l'on n'y corrompt pas son cœur, il faut ensuite revêtir des aîles......

Des aîles qui seront plus grandes, plus fortes, plus brillantes, en proportion de ce qu'elles auront été plus méritées. La Vertu suffisante ne monte que d'un grade. L'éminente n'en connaît point; dans le noble élan qu'elle donne à l'intelligence et à la moralité, elle peut leur en faire franchir plusieurs.

A chaque promotion, elle acquiert des sens qu'elle ignorait, des organes plus nombreux, plus puissans, plus flexibles, de plus grands moyens de rechercher et de connaître la vérité, de déployer la bienfaisance, de ressentir l'amitié, d'inspirer, d'éprouver l'amour. Car tous les Êtres intelligens qui ont reçu la vie étant par leur nature soumis à la mort, tous en sont dédommagés par l'amour, nécessairement plus vif, plus doux, plus enflâmé, plus parfait, à mesure que l'Être qui en est pénêtré devient plus céleste.

Loin de nous, Prophète de l'Arabie, qui

sçus, il est vrai, t'élever jusqu'à la notion d'un Dieu unique, mais qui méconnus ses plus précieuses faveurs, et leur refusas l'entrée de ton Paradis, que tu voulais pourtant rendre voluptueux; qui crus pouvoir, avec des sérails, récompenser tes fidèles, qui en eus un toi-même; qui ne sentis point que l'Amour est la plus exclusive des passions, que tout partage le blesse, le déshonore, et lui ôte sa fleur; qu'il ne peut habiter un sérail; qu'il ne pourrait s'y introduire sans en bannir la justice, y maintenir quelque paix, sans violer la sincérité; qu'il dévouerait la plupart des victimes, j'ai tort, toutes, aux poisons de la jalousie; et placerait le coupable entre deux remords, ou celui de rendre l'inégalité plus visible, plus odieuse, plus cruelle, ou celui de trahir le sentiment, les vœux, le devoir de son cœur envers l'objet le plus digne de le posséder.

Ce qui nous tourmente et nous humilie sur la terre, ne peut entrer dans le bonheur du ciel. Ce bonheur suprême pour des Amans, sera de trouver sans cesse dans la plus grande perfection de leur vertu, des motifs plus puissans pour justifier leur amour, de plus fortes raisons d'ajouter à sa tendresse ; et dans l'augmentation de leur amour, dans l'ardeur croissante de cette tendresse intime et inaltérable, des récompenses plus divines pour leur vertu ; aidés l'un par l'autre, de marcher du même pas, de progrès en progrès, vers ce double but de leur existence ; de vivre, de mourir ensemble, d'arriver ensemble aux grades supérieurs, aux mêmes grades ; de s'y reconnaître, d'y reprendre le cours de leur passion dès l'enfance, d'en jouir dans leur force, d'en être affectueusement émus, même au dernier terme de leur vieillesse ; de s'aimer, de se plaire de plus en plus, s'enrichissant, de mutation heureuse en mutation plus heureuse, d'une multitude de sens et d'organes nouveaux pour se l'exprimer et se le prouver chaque jour davantage.

Voilà ce que, malgré les préjugés imbéciles et glaçans dont vous fûtes abreuvés, malgré votre peu de lumières sur la physique et sur la morale du monde, voilà ce que vous avez tous confusément désiré, vous qu'un amour mutuel a bien percé des mêmes traits, et qu'une vertu également pure a rendus dignes de faire ici bas l'essai de ses félicités, et de commencer à vous nourir de son ambroisie. Continuez ; ne vous lassez point ; soyez encore plus aimans et meilleurs, voilà le destin qui vous attend pendant des milliers de vies successives et des millions de siècles, depuis l'état d'hommes jusqu'à celui de premiers favoris du Dieu paternel qui inventa l'Amour.

C'est ainsi que s'augmente la félicité des âmes sensibles. C'est ainsi que les Êtres intelligens qui employent chacune de leurs vies à étendre leur intelligence par le travail, à cultiver leur moralité par l'exercice continu des bonnes actions, chacune de leurs morts à se préparer à une vie encore plus louable, sont toujours assurés de recevoir cette vie plus noble, plus animée, plus heureuse, plus *Vie*.

» *Quoi!* TOUJOURS? direz-vous. Et que pourra devenir cet Être intelligent lorsqu'il sera parvenu à la plus haute perfection, à la plus douce félicité dont ayent jamais joui ses semblables? Après le terme, où pourra-t-il aller? Sera-t-il DIEU. S'il ne peut pas l'être, il résultera de votre système que toutes les vertus auront été et devront être récompensées, excepté précisément la plus distinguée de toutes. »

Non: *l'Optimate* placé à la cime de la création, loin par-delà les Archanges et les Séraphins, ne deviendra pas DIEU. Et cependant, si dans ce dernier et sublime état, son intelligence, sa bienfaisance et sa vertu ne se sont pas bornées à être une récompense: si elles ont mérité d'en obtenir une nouvelle, en faisant encore quelques pas au-dessus de celles qui caractérisent ses presque divins frères du même grade, il aura cette récompense dont il se sera rendu digne, et dont le bon emploi pourra encore lui frayer le chemin à une autre qui le rapprochera encore davantage du DIEU tout heureux et tout bon. *Il n'y a point de* TERME à la perfectibilité, aux lumières, aux vertus, à l'élèvation, au bonheur des Êtres intelligens et libres, que celui qu'ils y peuvent, ou y veulent mettre eux-mêmes, par la paresse, ou par l'orgueil, et qu'ils méritent alors d'y trouver. Ils s'arrêtent quand il ne leur plaît plus de marcher; et il est très-juste, très-simple même en ce cas, qu'ils n'aillent pas plus loin. Mais tant qu'ils ne s'arrêtent pas, ils peuvent avancer. Ils peuvent toujours créer pour eux-mêmes, ou plutôt donner à Dieu, agissant sur la matière, la volonté de créer pour eux une vie, une dignité, des facultés, une perfection, une félicité, supérieures à tout ce qu'ils ont encore essayé de meilleur et de plus grand.

Il ne saurait y avoir de *déficit* dans la raison universelle et dans la moralité du monde. Elles sont, elles doivent être infinies et parfaites. Tout système qui conduirait à y trouver, à y marquer une limite, serait par cela même un système erroné. Mais l'enchaînement d'idées qui, appuyé sur les phénomènes, conforme aux loix qui nous sont connues, et répondant aux difficultés, montrera dans le faîte de l'édifice le même plan, le même ordre qui se manifestaient dès les fondemens, et fera voir par-tout la bonté jointe à la justice, s'il ne peut être physiquement démontré, offrira du moins les plus imposans motifs de crédibilité, les présomptions les plus fortes en sa faveur. Il s'agit des opérations d'un Être tellement sage, que si l'on pouvait prouver de lui qu'il a dû et pu faire une chose, on aurait prouvé qu'il l'a faite.

Lorsque la mort n'est pas précipitée par quelque accident, elle n'arrive aux êtres créés et animés qui nous sont connus, que d'après une loi uniforme. Ils prennent vie, ils naissent, ils s'accroissent, ils atteignent leur force, ils la conservent pendant un certain tems ; elle diminue ensuite, leurs organes s'altèrent, ils finissent, et leurs élémens sont rendus à la nature. La portion de ces élémens qui n'est qu'une matière incapable de se mouvoir par elle-même, sert à composer d'autres corps, propres ou non à recevoir la vie. Celle qui est douée d'intelligence et de l'expansibilité volontaire, aussi évidente qu'incompréhensible, par laquelle l'intelligence agit sur la matière palpable, va suivant des loix morales et des combinaisons physiques, donner la vie à de nouveaux corps organisés.

Nul être animé ne meurt naturellement avant d'avoir atteint sa force, de l'avoir consumée, et d'avoir été consumé par elle. Toute mort qui précède cette époque, est prématurée. Celle qui la suit au tems marqué par l'affaiblissement des organes, est naturelle et nécessaire.

Elle a lieu plus tôt ou plus tard selon que le *maximum* des forces de l'être animé a été plus ou moins retardé. Il y a pour cela des loix assez constantes; et voici des faits, qu'elles présentent, qui sont faciles à vérifier.

Chez l'Homme, l'accroissement de force, qu'il ne faut pas confondre avec celui de la stature, occupe les trois septièmes de la vie; leur station un septième, et leur décadence les trois autres septièmes. Celui qui à trente ans a cessé de voir augmenter la vigueur de son corps et de son esprit, n'en jouit au même degré que jusqu'à quarante; s'affaiblit ensuite par une gradation, d'abord insensible, et meurt à soixante et dix. Celui qui n'est arrivé au développement complet de toutes ses facultés qu'à trente-six ans, en garde l'énergie jusqu'à quarante-huit, et vit quatre-vingt-quatre années.

La loi pour les Femmes a quelque différence. La Nature est plus empressée de les faire jouir. Elles n'employent que les deux septièmes de leur vie à en gagner la perfection. Celle-ci dure de même un septième. Les quatre autres sont consumés dans la décadence, qui à sa première époque est peu visible. Mais leur vie est en général plus durable que celle de l'Homme; elles parviennent plus aisément et plus fréquemment à un âge avancé; de sorte que le tems de leur force est un peu plus long : ce qui est nécessaire pour soutenir les fatigues que leur donnent la grossesse et l'alaitement, et ce qui se trouve compensé en ce que cette force est moindre.

Le Cheval normand est dans sa force à six ans, y demeure jusqu'à huit, et finit à quatorze ou quinze. Le plein état de service du Cheval limousin n'arrive qu'entre sept et huit ans; ce Cheval est excellent jusqu'à dix, et en vit dix-huit. Le Cheval andaloux n'atteint son *maximum* qu'à neuf ans, se soutient très-brillant jusqu'à douze, et ne meurt pas avant vingt-un.

Le vulgaire croit dans le chêne les trois périodes égaux, et d'un siècle chacun, parce qu'il confond les dimensions avec la vigueur; mais les Forestiers, les Charpentiers et les Ingénieurs expérimentés ne destinent jamais à des pilotis, ou à la quille et aux varangues d'un vaisseau, un chêne de moins de cent trente ans, le préfèrent entre cent quarante et cent cinquante, et n'en veulent pas pour cet usage au-dessus de cent soixante et dix.

La bonne culture pour les plantes, l'éducation et la conduite raisonnable de la jeunesse pour tous les autres êtres animés, peuvent leur procurer plus de force, en pousser l'accroissement plus avant dans leur vie, et prolonger ainsi leur vie entière. Les Hommes bien constitués, qui ont des mœurs, qui suivent un régime salubre, et qui se livrent à un mélange bien entendu d'exercices gymnastiques et de celui de la pensée, n'ont toute leur puissance que de quarante à quarante-deux ans, et la conservent jusqu'au-delà de cinquante-cinq : ce sont eux qui vivent près d'un siècle.

Les Êtres que nous avons nommés *Principes intelligens*, et qui nous paraissent remplir dans l'Univers l'importante fonction d'animer, de promotions en promotions très-équitables et très-morales, tous les Êtres organisés, en commençant par la plante et finissant par ceux qui sont capables de la plus haute moralité, ne doivent pas, dans la durée de leur existence, connaître d'autres loix : car la nature a peu de loix, et les a très-générales.

Comme les autres Êtres animés, ils sont exposés à la mort accidentelle ; et nous avons déjà indiqué par quel accident elle peut frapper sur eux. Un Principe intelligent qui dans une de ses vies a commis des crimes, demeure en proie aux remords dans sa *monade*, lorsque ses organes ont été détruits. Il s'avoue qu'il n'est plus digne d'avoir des facultés et des sens, puisqu'il en a fait un si mauvais usage ; et cependant il éprouve un désir inextinguible de reprendre des sens et d'agir de nouveau. Son oisiveté méritée le bourelle. Plutôt que d'y demeurer, il souhaite et demande la mort; mais elle ne lui est accordée que lorsqu'un profond repentir et de sérieuses réflexions lui ont fait sentir combien Dieu et ses loix sont justes envers lui; à quel point il convient que ce soit par une existence *otieusement* douloureuse que soit punie une vie activement coupable. C'est quand il a repris l'équilibre, quand ses pensées l'ont rendu meilleur, quand elles ont expié ses attentats, qu'il obtient la mort comme un pardon, et que les élémens qui l'avaient fait *une intelligence* vont en former une autre dont la carrière entièrement nouvelle recommencera par le plus faible degré *d'animation*. Si ses fautes moins graves n'ont mérité que la dégradation, sa mort n'est pas complette; après l'expiation qui est le fruit du repentir et des résolutions louables, il a la consolation d'apprendre qu'il ne sera point anéanti, qu'il ne perdra qu'un certain nombre de grades, et de combien de degrés il devra descendre.

Ainsi les *Principes intelligens* sont accidentellement sujets à l'indisposition, qui retarde leur avancement, par leurs fautes ; à l'affaiblissement, à l'enlaidissement, à la dégradation par le vice; à la mort prématurée par le crime. Chacun de ces résultats de leur mauvaise conduite est précédé par un état de souffrance et de véritable maladie, qu'ils essuient dans leur chrysalide d'intelligence, dans leur *monade ;* souffrance et maladie plus ou moins pénibles selon la crise plus ou moins fâcheuse à laquelle ils se sont exposés, et qui doit la terminer plutôt ou plus tard. Ces phénomènes ont beaucoup de rapport avec ceux qu'éprouvent les êtres organisés qui par l'intempérance et les excès ont altéré ou détruit leur santé. *La santé des principes intelligens, c'est la vertu bienfaisante et laborieuse.*

Nous voyons de-là comment doit arriver leur mort bien ordonnée, paisible et naturelle. Nous pouvons nous en former une très-juste idée, en examinant quelle est la marche de leur accroissement, quels sont le cours et la destination de leur vie.

Leur

Leur vie est composée de plusieurs vies qui leur sont communes avec les Êtres organisés qu'ils animent successivement, et de plusieurs repos forcés sous l'état de *monade* dans les intervalles qui séparent ces vies particulières.

Chacun d'eux est immortel par rapport aux corps organisés auxquels il prête une partie de sa vie, quoique chacun d'eux soit mortel lui-même selon une loi déterminée, et comme tous les autres Êtres créés avec vie, après avoir atteint son *maximum*, et en avoir fait l'usage qui amène ensuite la destruction.

Le *maximum* d'un Principe intelligent et animateur est le moment où il n'augmente plus en intelligence et en bonté. C'est pour développer cette intelligence, mère de la bonté, qu'il a reçu le don de communiquer la vie à des organes, d'en jouir par leur moyen, d'employer ces organes à une suite de travaux qui exerçant son intelligence la fortifient, et cultivant sa bonté l'accroissent. Chaque fois qu'il redevient simple *monade*, il reste pour les lumières et pour le rang au degré de l'animal ou de l'Être organisé quelconque qu'il vient de quitter. Il ne descend plus, s'il n'a mérité la dégradation; et s'il descend, ce n'est qu'après que l'intelligence dont il était en possession a reconnu la justice de cette peine. Il ne peut s'élever que par une vie nouvelle, de nouveaux sens, et de nouveaux organes; car si son intelligence ne perd rien, elle ne reçoit rien non plus que par les sens dont elle est successivement douée dans les différens corps qu'elle anime, et elle n'apprend rien que par le travail qu'ils la mettent à portée de faire. Son élévation est plus ou moins grande en raison de la bonté ou de l'excellence de sa conduite dans la vie précédente. C'est de-là que dépend la nature de sa vie nouvelle.

Chaque Principe animateur, comme tous les autres Êtres qui lui empruntent la vie, existe, et fait des progrès avant d'acquérir le pouvoir de se connaître lui-même. Tant qu'il est borné à n'animer que des plantes, il n'y est en quelque façon que le *fœtus* d'un génie, sachant à peine s'il est, plus vraisemblablement ne le sachant pas même ; et très-certainement ne se doutant pas de ce qu'il doit devenir un jour. Dans les animaux au-dessous de l'Homme, il n'est qu'*infans :* ne pouvant encore calculer l'avantage d'appliquer à l'utilité des autres les idées qu'il acquiert pour lui-même. Chez l'Homme, il se connaît un peu, il est *puer;* et peut-être chez les plus grands des Hommes va-t-il jusqu'aux premiers pas de l'adolescence. Ce n'est que sous les organes de l'Homme que pour la première fois sa conduite peut devenir vraiment méritoire, parce qu'il est avec eux parvenu à sentir et à combiner sa propre moralité. Alors les facultés qui le constituent intelligent et libre se manifestent à lui. C'est une sorte de puberté. Leur accroissement plus marqué, plus rapide, le porte vers son âge mûr à mesure que passant de l'animation d'un animal ou d'un être moins parfait à celle d'un plus parfait, fortifiant la connaissance et la conscience de sa liberté, acquérant plus d'organes, ou les employant mieux, il étend à-la-fois ses lumières, sa bonté, son pouvoir de penser, de réfléchir, d'agir. Cette augmentation de capacité et de bienfaisance s'effectue par un travail du Principe intelligent sur lui-même, par une espèce de *rumination* des vérités physiques et morales qu'il connaît, *d'exploration* de celles qu'il ne connaît pas encore : travail dont il n'y a pas un Homme qui n'ait du plus au moins l'expérience, et dont nous avons tous éprouvé que nous ne nous y livrons jamais sans en devenir meilleurs et plus habiles.

Où ce travail cesse, s'arrête son produit.

L'accroissement individuel d'un Principe intelligent se trouve terminé lorsque ne ressentant plus le besoin d'augmenter sa bonté et ses lumières, méconnaissant ce besoin par orgueil, ou le laissant ensevelir sous la paresse, il ne songe plus qu'à jouir de ce qu'il a fait, sans s'occuper davantage du travail qui pourrait lui procurer plus de perfection. Alors il marque lui-même sa taille, et fixe lui-même le terme de sa vie. Il n'en est pas précisément *puni ;* mais il ne peut pas acquérir de droit à la récolte qui n'existera point d'une culture qu'il ne continue pas. Il n'est point privé de celle qu'il avait recueillie ; il la consomme en paix. Il goûte jusqu'à son dernier jour, sous le même corps, ou sous un corps qui ne vaille ni pis, ni mieux, la récompense qu'il avait méritée et acquise par ses efforts antérieurs ; mais lorsqu'elle est finie, il finit avec elle : il meurt. Sa *monade*, privée de mémoire, et par conséquent de *séïté*, ce qui est la mort des monades, retourne au sein de la matière universelle attendre sans bonheur, sans souffrance, sans vie, l'opération physique qui employant ce qu'il y a en elle de propre à former un principe animateur en fera usage pour une plante du dernier rang.

Et remarquez bien que cette mort naturelle d'un Principe intelligent, n'est point une *peine*. Elle n'est que la cessation de l'état progressif de travail, d'amélioration et de récompense. En l'y abandonnant, lorsqu'il s'y abandonne, Dieu et la Nature sont justes envers lui, sans aucune sévérité. Ils ne sont que justes.

Pourquoi seraient-ils bienfaisans outre mesure et par une progression croissante envers un Être intelligent et libre qui ne veut plus que sa propre bienfaisance fasse des progrès ? Pourquoi lui donneraient-ils le prix d'un labeur auquel il a renoncé? S'ils le faisaient, ce serait sans raison; et que leur resterait-il à faire de plus en faveur de ceux qui travaillent toujours à valoir mieux.

Il y a peut-être un grand nombre de Principes intelligens qui meurent en sortant de l'état d'hommes, à raison de leur égoïsme de leur paresse et de leur orgueil ; comme dans l'état d'homme même il y a beaucoup de jeunes gens qui ayant voulu jouir de leurs forces avant qu'elles fussent développées périssent sans avoir vu leur complette virilité.

Dieu ne hait ni ne maltraite l'Homme, ou le Chérubin, qui trop contens d'eux-mêmes ne se sont point souciés de s'élever davantage. Il ne les aime qu'autant qu'il appartient à une de ses créatures qui a mérité d'arriver à leur ordre, et qui n'en doit pas sortir. Cela ne ressemble en rien au malheur d'être dégradé et puni. L'Ange, l'Archange, l'Optimate qui meurent ont été très-généreusement récompensés dans leur carrière brillante et fortunée de tout le bien qu'ils ont fait. Il n'a tenu qu'à eux de l'être encore plus : pour s'être crus assez grands et assez bons, ils n'ont nui qu'à eux-mêmes. Celui qui n'a que négligé de mieux faire, n'a pas fait de *mal*. Il n'a plus voulu croître, il en était libre ; il ne croît plus ; il s'est rendu nul, il devient nul. Rien ne produit rien : ni bien, ni mal : mort. Mais *mal* et mauvaise action, produisent *mal* et souffrance. La conséquence est toujours proportionnée à la cause.

Gardons-nous de confondre ici le *tort* de l'Intelligence qui s'arrête sans délit dans sa carrière, et cesse de marcher vers des récompenses nouvelles, avec le *crime* de celle qui abdiquant toute faculté de bien faire, briserait ses organes, leur donnerait une mort violente, et appellerait sur elle-même une redoutable punition.

J'aurais perdu le fruit de mon travail, mes chers amis, si je ne vous avais pas déjà persuadés que nos facultés disponibles nous sont confiées comme un dépôt, comme une avance, et que notre unique manière de mériter devant le suprême Ordonnateur est de les employer au plus grand nombre possible de bonnes actions. Chacun doit cultiver son âme et ses sens, en tirer du bien pour soi-même et pour les autres : et personne n'emportera de cette vie que le bien qu'il aura fait.

C'est une des principales raisons qui rendent le meurtre si abominable ; et si odieuses la guerre, les discordes civiles, les loix injustes, la tyrannie, qui entraînent à une mort prématurée tant d'individus que le cours naturel de leur existence eut perfectionnés, eut éclairés, eut rendu raisonnables et bienfaisans.

Tuer un homme, c'est non-seulement lui enlever toutes ses facultés présentes de jouir ; c'est le priver aussi de toutes les occasions futures dans lesquelles il aurait pu se montrer plus estimable, plus secourable à ses frères, et, par le bon usage de ses organes d'homme, mériter un meilleur sort.

Se tuer soi-même, quand on est convaincu

(et quel mortel ôserait ne le pas être?) qu'on a mille fautes à regretter, à effacer si on le pouvait, à compenser au moins; c'est pour le dégoût d'un moment, c'est, par lâcheté contre le malheur, se livrer à l'impénitence finale.

Le suicide est le seul crime qui ne laisse aucune place au repentir, aucun moyen d'appel à ses propres efforts, aucune possibilité de retour vers la vertu.

Vous avez besoin de la miséricorde divine. Pouvez-vous l'obtenir autrement que par des *œuvres louables?* Vous en rendrez-vous digne par l'abandon de toute *œuvre ?* Renoncerez-vous de vous-même à l'unique instrument qu'elle vous ait prêté *pour agir?* Et lorsque votre vie entière n'aurait peut-être pas suffi à votre honorable et utile tâche, bornerez-vous le cours de votre vie?

Arrêtes, malheureux! quand ton âme frappe ton corps par les mains de ce corps qui lui fût accordé, elle est derrière! elle peut du même coup les assassiner tous deux!

Mais elle ne tombera pas dans le néant avec lui. Elle prolongera, elle aiguisera les souffrances que sa mollesse ne pouvait déjà supporter. Une âme est faite pour vivre : toute Intelligence est vie : et les âmes coupables ne sauraient arriver à la mort que par un bien long tourment.

Vous me direz qu'au commencement de cette lettre (page 103) j'ai paru indiquer une hypothèse dans laquelle le suicide aurait quelqu'excuse, et où le concours que l'amitié donnerait à cette triste action pourrait s'allier à quelque vertu.

Hélas ! ce n'était pas une hypothèse ! J'étais pénétré de l'horreur qu'inspire l'époque de l'histoire que nous traversons : de ce moment incompréhensible où la morale, la prudence, les lumières, le courage, les grands services publics, l'amour énergique de la Patrie, ne rendent la mort au sortir des guichets, ou sur l'échafaud, que plus inévitable ; où il semble permis de choisir entre les manières de quitter une vie qu'on ne peut plus conserver, et d'enlever aux tigres à face humaine l'exécrable plaisir de vous promener les mains liées sur le dos, et de boire votre sang.

Mais, éclairé par mon propre travail, par l'heureux enchaînement des vérités que nous avons recueillies sur le vaste terrein que notre philosophie a parcouru, par le désir de rendre mes pensées plus dignes de vous qui les écoutez, plus à l'unisson de l'extrême bonté du Dieu qui les inspire; je vous dirai ici, mes enfans, que, même dans cette position affreuse, la vertu parfaitement pure et dénuée d'orgueil s'abstiendra de trancher ses jours.

Oui, sur la charette fatale, et n'ayant de libre que la voix, je puis crier *gare* à un enfant qui serait trop près de la roue. Cet enfant peut me devoir la vie, son père et sa mère la consolation de leurs vieux ans, la Patrie son salut, le genre-humain sa félicité. Que sais-je si cet enfant n'a pas en lui le germe de Confucius ou de Socrate? Voudrais-je par ma faute en avoir privé le monde?

Que sais-je même si un événement imprévu n'arrêtera pas la voiture? si je ne recouvrerai pas la liberté, et avec elle le pouvoir de faire encore du bien, de beaucoup plus grands biens que ceux qui ont été jusqu'à ce jour à ma portée?

Quand tout semble perdu à nos faibles yeux, ne connaissons-nous pas leur faiblesse? ne pouvons-nous comprendre qu'il est possible que rien ne le soit à ceux de Dieu, ni même à ceux des Intelligences supérieures à la nôtre, des Puissances qu'à peine devinons-nous? La colombe peut jetter un brin d'herbe à la fourmi qui se noie.

O si *Caton* avait pu penser à Utique qu'il y aurait une bataille de *Munda;* que *César* y combattrait, non plus pour l'empire, mais pour la vie; croyez-vous qu'il eut ôsé déserter la cause de la République et celle de ses amis? Doutez-vous que la capacité de Caton, le plus grand homme de guerre de son parti; doutez-vous que la juste réputation qu'il avait d'en être le premier homme de bien; doutez-vous que l'enthousiasme qui en résultait pour ses compagnons, n'eussent décidé, n'eussent complетté la victoire?

Voyez ce que pouvait son nom seul.

Voyez, plusieurs années après sa mort, son fils rallier à Philippes les soldats de Brutus par ce cri : *à moi, Romains, je suis le fils de Marcus Caton.*

Grand Homme ! quand tu déchirais tes entrailles, c'était Rome que tu immolais. Tu portais à la République le dernier coup en tournant contre toi-même l'épée, que tu ne devais employer que pour elle.

Je ne veux imiter que tes vertus. Fasse le Ciel que je conserve encore assez de jours, et que je les remplisse assez dignement pour que, dans les dangers de la Patrie, l'intrépide et sage *Victor*, le brave et sensible *Irénée*, puissent, comme le jeune Caton, invoquer le nom de leur père ! mais que ce ne soit qu'après le tems où la mort m'aura enlevé, malgré moi, le pouvoir de leur apporter le secours de ma tête et de mon bras.

Ici, mes Amis, je suis sûr de n'être pas dans l'erreur. Je ne raisonne point d'après des conjectures et de vains systêmes. L'évidence jaillit du fonds du cœur humain. Les vérités morales ont un cachet auquel nous pouvons les reconnaître, nous devons les adorer : c'est leur conformité avec le sentiment universel de tous les Hommes. En Médecine, suivez la nature. En Philosophie, écoutez l'instinct.

Quand on vous dira que, pour plaire à Dieu, un homme doit vivre dans la contemplation, l'oisiveté, la solitude; qu'il faut s'abstenir de manger lorsqu'on a faim; qu'il est bon de se déchirer la peau par un cilice; de se donner ou de recevoir des coups de discipline; que *celui qui se marie fait bien, et que celui qui ne se marie point fait mieux* (10); qu'il faut, autant qu'il est en soi, anéantir les races futures; qu'il est louable de ne transmettre à personne la vie qu'on a reçue et qu'on aime; qu'une belle jeune fille doit faire serment de renoncer au bonheur d'être un jour épouse et mère: n'en croyez rien.

Mais quand on vous dira que prendre le bien d'autrui est une mauvaise action; qu'attenter à la liberté de son semblable, que

(10) Epître de S. Paul aux Corinthiens.

mettre obstacle à son travail est un délit grave; que ne pas respecter son père, vivre mal avec sa femme, ne pas chérir ses enfans, est odieux; qu'attaquer, que trancher la vie d'un homme est un crime affreux; que se tuer soi-même est le plus irrémissible de tous; croyez-le: car, d'un bout du monde à l'autre, tous les hommes pensent ainsi même avant de le vouloir; et il faut pervertir leur esprit autant que corrompre leur cœur pour les faire penser autrement.

Et quand j'ajouterai que nous pouvons toujours nous perfectionner; que nulle intelligence créée ne peut avoir appris assez de choses pour n'en pouvoir plus apprendre, ne peut être assez bonne pour qu'il lui soit impossible de devenir meilleure, ne peut avoir fait assez de bien pour qu'il ne lui en reste plus à faire, croyez-le encore; et persuadez-le aux autres, car les autres et vous en vaudrez mieux.

A quelque terme que vous soyiez parvenu, croyez que la munificence de Dieu n'est pas si bornée, qu'elle ne puisse vous élever plus haut; que votre bonheur ne saurait être si parfait qu'il n'y ait plus de moyen de l'accroître ; croyez que les richesses de la Nature, et les bontés de la Providence pourront récompenser largement demain, le bien que vous vous appliquerez à faire aujourd'hui.

Je reviens sur ces idées, je les répète, je les ressasse, parce qu'elles demandent à être méditées, qu'elles sont majeures, que plus on les compare à elles-mêmes, à l'ordre général de l'Univers, aux loix physiques et morales dont nous avons déjà la certitude; plus on considère leur enchaînement, et plus on les trouve raisonnables, vraies, simples, naturelles. Il n'est personne qui ne se ressouvienne d'avoir plusieurs fois songé, au moins vaguement, à quelque chose de pareil. Je dis les pensées de tout le monde. J'y insiste sur-tout, parce que leur analyse montre comment Dieu est toujours doux, juste et bienfaisant dans toutes ses œuvres, comment il ne fait jamais de *mal;* et comment les Êtres intelligens créés n'éprouvent de *peines* que celles qu'ils se

causent

causent à eux-mêmes, et celles que leur font, mais non pas impunément, les autres Êtres intelligens qui ont été créés libres comme eux.

Celui qui ne fait plus ni bien ni mal, ou ne fait que le bien que sa nature entraîne, et qu'il ne peut se dispenser de faire, est donc *nul* quant à l'emploi de son intelligence : elle deviendra *nulle* comme lui. Celui qui a fait *mal* a été pis que *nul ;* celui qui s'est permis de *nuire* n'est pas *innocent ;* il a été *méchant*, il doit être *puni :* il l'est, et le sera. La nullité, la mort pour lui seraient trop douces ; il ne pourra s'y réfugier que lorsqu'elles lui seront devenues un port dans les tempêtes de sa conscience agitée, repentante, gémissante, une grace qu'il aura implorée. Cette mort alors sera une indulgence, un nouveau bienfait de son Créateur.

En attendant, il est soumis dans sa *monade* au tourment de l'oisiveté : tourment qui n'est pas atroce, sans doute, mais qui doit être très-grand et très-fatiguant pour un Être essentiellement actif, très-amer pour un Être moral qui sait n'y avoir été condamné que parce qu'il s'est volontairement porté à l'abus des facultés qu'il avait. Sa *monade* souffre par la conservation de la mémoire. Elle sent la privation de ses organes. Elle est altèrée du désir de vivre encore, de jouir encore, de travailler encore, d'aimer encore, d'être encore aimée. Enfin purifiée par le regret de ses torts, corrigée par une contrition sincère, elle obtient de retourner à la vie, en passant, ou par la mort complette qui la replace au dernier rang des Êtres, ou par la mort partielle qui est la permission de recommencer une nouvelle expérience dans un grade, lequel sera inférieur à celui dont elle est déchue en raison de la gravité des fautes qui l'en ont fait tomber.

Au contraire, et par le seul effet de cette même mémoire conservée aux *monades* des Êtres intelligens une fois arrivés à l'époque de leur existence qui généralise leur *moralité*, ceux qui n'ont point suspendu le cours de leurs efforts, de leur perfectibilité et de leur gloire, savent dans l'intervalle d'une vie à l'autre que l'équité bienfaisante du grand Être leur en prépare une plus belle et plus heureuse. Leurs *monades* n'ont d'incertitude que sur le plus ou le moins de facultés que leur apportera cette nouvelle vie, et sur le plus ou le moins de délices dont elle sera comblée. Elles ne peuvent douter qu'elles vont s'élever vers Dieu ; et la différence de leur nature à la sienne est telle que les Êtres qu'elles animeront peuvent s'approcher à l'infini de ses perfections et de sa félicité sans les atteindre jamais.

L'intelligence a en elle-même un ressort qui tend toujours à la déployer ; c'est un feu qui ne s'éteint pas tant qu'il a de l'aliment, et qui a le don de chercher et de trouver son aliment lui-même. En travaillant, elle peut toujours apprendre, mais il ne peut y avoir que Dieu seul qui sache tout.

La bienfaisance peut s'étendre toujours. Elle peut faire du bien à ceux à qui elle n'en a pas encore fait. Elle peut en faire davantage à ceux qui en ont déjà reçu d'elle. Et plus elle aura porté haut l'Être dont elle aiguillonne l'intelligence, plus il lui verra d'emploi : puisqu'alors il aura plus d'inférieurs, de connaissances et de pouvoir. Mais Dieu seul répand, a répandu, répandra le bien depuis l'éternité jusqu'à l'éternité, sans aucun effort, et dans le même moment, et à chaque moment sur la totalité de l'Univers.

Ces *assymptotes* physiques et morales sont aussi certaines que celles de la géomètrie; elles sont aussi satisfaisantes pour l'esprit, et de plus elles sont une source intarissable de consolations et d'espérance pour le cœur. Une parabole prolongée à l'infini s'approche toujours du côté de son cône dont le cercle en augmentant de diamètre diminue sa courbure, et ne peut le joindre, puisqu'elle est sur un plan différent, moins étendu et parallèle. Lorsqu'un petit cercle touche une ligne droite, on peut, par le même point, faire passer une infinité d'autres cercles dont le centre sera une perpendiculaire infinie, qui tous auront moins de courbure en raison de ce qu'ils seront plus grands; qui tous approcheront évidemment, sensiblement, visiblement de la ligne droite un plus grand nombre de points de leur circonférence, à mesure qu'elle sera moins courbée, qui jamais ne pourront se confondre avec cette ligne droite vers laquelle ils tendront toujours de plus en plus, et qu'aucun d'eux ne peut toucher que par un seul point.

DIEU est la ligne droite. Il est le *plan* sur lequel tout repose. Le point de contact qu'il nous accorde avec lui, c'est l'intention de la bienfaisance. Les points de la circonférence par lesquels, Anges et Humains, nous en pouvons approcher toujours davantage, ce sont la bienfaisance elle-même, les lumières, le pouvoir, et le bonheur. La sphère de l'Homme est bien petite, celle de l'*Optimate* est bien grande. Il y en a *une multitude* entr'elles; mais il en est par-delà une infinité de possibles, dont quelques-unes peut-être ont été réalisées: qui toutes peuvent l'être par la persévérance croissante dans le travail et dans la vertu: et dont une vertu céleste ne peut atteindre et créer une nouvelle sans que ce soit une richesse, un bien, une joie pour le monde entier.

Oh! si nous arrivons un jour à ce terme, qui n'est pas une barrière, aggrandissons notre compas! La place y est, elle y sera éternellement pour une véhémente, une aimante, une brûlante opiniâtreté à mieux faire.

Et vous qui resplendissez après Dieu sur l'Univers, vous premiers des Êtres créés, vous qui, mortels par votre nature, pouvez devenir immortels de fait, en ne cessant jamais de vouloir vous améliorer, en y consacrant toujours toute l'activité de votre vaste intelligence, frayez-nous le chemin. Puisque c'est aussi pour vous un moyen de le parcourir, abaissez vos soins jusqu'à nous : Dieu lui-même ne l'a pas dédaigné. Secondez nos efforts, soutenez notre courage, éclairez notre raison, embrâsez notre zèle. Que votre main puissante, que vos brillans flambeaux aident à s'élever vers votre sphère de feu, les Génies, les Anges, et les Hommes, et mes Amis, et mes Fils, et moi, qui les appelant, autant que mon sensible cœur peut donner d'étendue à ma faible voix, m'élance, comme un autre Icare, en enfant perdu sur la route.

Reposons-nous...... mais avant de nous séparer, promenons encore une fois notre vue, avec moins de détails, plus d'ensemble et de calme, sur cette masse de vérités importantes et connexes, dont nous avons reconnu les unes avec évidence, présumé les autres avec raison, et dont la réunion nous a offert le tableau de la nature. Après avoir parcouru le cercle entier des choses et des êtres créés et incréés, notre intelligence fatiguée a besoin de remarquer sur le chemin qu'elle a suivi les principaux points de reconnaissance, afin de n'en pas perdre la trace. Gravons-nous la fortement dans l'esprit, car c'est elle qui doit nous conduire au bonheur par la sagesse et par la bonté.

Nous avons rejetté le mot et l'idée de *Hasard*, comme vuides de sens et indignes de la Philosophie. Rien n'arrive, rien ne peut arriver que conformément à des loix.

Deux espèces de loix physiques nous ont frappé : celles qui communiquent le mouvement à la matière inanimée, et qui sont l'objet des sciences exactes ; celles qui le lui impriment par la volonté des Êtres intelligens.

Il nous a paru que cette manière d'imprimer le mouvement devait tenir à l'extrême expansibilité d'une matière très-subtile, et nous en avons trouvé un exemple dans l'effet de la machine à vapeurs, dans celui de la poudre à canon ; mais la difficulté est demeurée la même, car il n'est pas plus compréhensible qu'une intelligence, une volonté, des passions, rendent expansible la matière la plus subtile que la plus compacte. Cependant le fait nous est si fréquemment constaté par chacun de nos mouvemens, qu'il nous a bien fallu reconnaître dans l'intelligence, cette puissance plus ou moins étendue, selon l'organisation des Êtres qui en sont doués.

Nous avons jugé absurde qu'aucune intelligence pût être produite par une cause inintelligente ; et comparant l'ordre assez ingénieux de nos travaux, avec celui beaucoup plus admirable qui règne dans l'Univers, nous avons conclu que cet Univers devait être le *travail* d'une Intelligence supérieure à la nôtre et aux autres Intelligences, ayant plus éminemment que toutes les autres la faculté d'agir, de disposer, d'organiser.

Nous n'avons conçu ce Pouvoir organisateur qu'agissant sur quelque chose, non pas créant quoique ce soit de rien. Pour qu'il donnât le mouvement, il fallait que la chose qui le reçut existât, et fut mobile.

Nommant le Pouvoir intelligent et ordonnateur, **DIEU**; le sujet sans intelligence et propre à être disposé MATIÈRE, nous avons pensé que DIEU et la *matière* étaient nécessaires et co-relatifs. Nous avons même été obligés d'avouer sans le comprendre, mais comprenant encore moins l'hypothèse opposée, qu'ils devaient être *co-éternels*.

Cela nous a donné lieu d'expliquer les différens sens du mot *nature* qui, employé, sans avoir été défini, sous des acceptions très-diverses, a jetté tant de confusion dans la philosophie, sur-tout dans la philosophie moderne. NATURE, *Fatum*, destin, ce qui est *fait*, ce qui est *né* comme il *sera* : l'assemblage inviolable des propriétés indestructibles que DIEU, ni la *matière*, n'ont point reçues et ne se sont point données, mais qui font leur essence. NATURE *naturante*, l'intelligence, le Pouvoir actif, DIEU. NATURE *naturée*, le monde organisé de *matière* par DIEU, selon ce qu'ont permis leurs propriétés respectives, ou leur *nature*.

Nous avons tiré de-là des idées justes sur *la puissance de* DIEU qui s'étend à tout, excepté à *dénaturer* la *matière* ; sur sa *bonté* qui embrasse tout, mais qui ne peut former avec de la matière des Êtres aussi parfaits ni aussi heureux que lui-même.

Les propriétés réfractaires de la *matière*, avons-nous dit, sont donc le véritable *Arimane* qui entrant dans la composition de tout ce qui n'est pas DIEU, introduit partout de l'imperfection et du *mal*.

Nous avons admiré avec quelle grandeur DIEU combinant les loix de l'attraction et de l'impulsion, a règlé la marche de chacun des systêmes solaires, et les a tous suspendus au sein de l'espace; avec quelle sagesse il a dans chaque systême opèré, par le mouvement planètaire des glôbes terraquées autour du glôbe incandescent, une distribution alternative et régulièrement variable de calorique: qui, agissant sur toutes les autres propriétés de la matière, est le ressort commun des mondes subsolaires, et rend leurs divers élémens aptes à entretenir la vie des Êtres animés.

Ceux-ci nous ont semblé le but de la création, parce qu'eux seuls ont des jouissances, et qu'un grand nombre d'entr'eux ont de la moralité.

Nous avons vu comment la nature de leurs organes, aidant à l'emploi de leur intelligence, le borne cependant; et comment la matière qui les compose, étant sujette aux mêmes phénomènes que celle des corps inanimés, ne peut se prêter à la vie que par des mouvemens qui nécessitent sa fin et amènent inévitablement la mort.

Nous avons béni le Dieu bienfaiteur qui

a compensé la mort par l'amour, tellement à l'avantage des Êtres animés, et sur-tout au nôtre, que sans amour nous ne voudrions pas de la vie. Nous l'avons béni de nous avoir donné les besoins et tous leurs plaisirs, le travail et toutes ses ressources, l'espérance et toutes ses consolations, la douleur même et tous les secours qu'elle nous apporte sous une enveloppe aussi utile qu'elle est quelquefois amère.

Nous l'avons béni de ce que, après avoir plus que balancé les horreurs de la mort par les voluptés de l'amour, il a couvert les inégalités non moins inévitables entre les espèces et les individus par la douce illusion de l'amour-propre. Ayant interrogé à l'un et à l'autre égard le cœur humain, le cœur humain a répondu que nous avions sû lire son secret, et que ce secret était un trésor de bienfaisance divine.

Le Monde ainsi connu, nous avons voulu savoir comment il est gouverné.

Nous avons vu les plantes ayant déjà des jouissances, mais non pas des volontés expresses, ni par conséquent de moralité.

Nous avons vu l'intelligence et la liberté commencer aux animaux; et nous avons souri aux philosophes qui placeraient la *liberté* dans l'impossibilité de peser les motifs, ou dans *la folie*. L'idée d'intelligence séparée de celle de liberté nous a semblé une contradiction dans les choses et dans les termes.

Nous avons observé les gradations de lumières, de raisonnement, d'habileté, de moralité chez les Animaux inférieurs à l'Homme. Nous en avons donné des exemples multipliés ; et nous nous sommes complus à voir que, par une loi irréfragable, la sagesse était toujours en raison de l'expérience et de la réflexion, la morale en raison de la sensibilité qui porte à la bienfaisance, à l'amitié, à l'amour.

Quant à l'homme, nous avons fait voir qu'il lui suffirait de n'être pas insensé, pour que la prudence, et la cupidité, même l'obligeassent à se conduire avec bonté et avec justice.

Au-dessus de ce calcul de l'intérêt, nous avons trouvé avec reconnaissance les fruits de l'estime, les couronnes de l'amitié, les palmes de la conscience.

Indignés contre les écrivains qui ont prétendu que la morale dépendait des tems et des lieux, nous avons exposé ses maximes, son code universel, qui embrasse l'égalité, la liberté, le travail, la propriété, la sûreté, les conventions, les bienfaits, la reconnaissance et l'indulgence.

Examinant ensuite l'espèce de malheurs qu'éprouvent quelquefois les gens de bien, nous nous sommes convaincus qu'ils ne sont soumis qu'à ceux qui sont communs à tous les Êtres animés, et qui résultent des propriétés de la matière, ou de l'abus que quelques Êtres intelligens font de leur liberté; que ces malheurs sont pour eux en moindre nombre et plus remédiables que pour les méchans, qui n'en sont pas exempts et en ont de particuliers bien plus tristes : que la Vertu par sa nature appelle la félicité et résiste à l'infortune, tandis que le vice renferme un principe attractif de la peine, répulsif du bonheur.

Voilà tout ce que nous avons pu démontrer avec une évidence à laquelle personne ne puisse résister ; et *cela suffit pour servir de règle à la conduite des hommes.*

Marchant plus avant à la recherche de ce qu'il est possible que Dieu ait fait au-delà de ces biens incontestables en faveur de ceux qui étudient ses loix et leur obéïssent, nous avons trouvé qu'on ne pouvait pas affirmer qu'il ne leur accordât jamais une protection spéciale et immédiate ; mais qu'il leur en avait visiblement assuré une *médiate* et réciproque entr'eux par l'effet de l'estime mutuelle qu'ils s'inspirent; qu'il est de plus assez vraisemblable qu'ils en puissent recevoir une autre de la part d'autres Êtres intelligens qui leur seraient supérieurs, et que plusieurs faits de la vie humaine seraient inexplicables sans cette supposition.

Appuyés sur l'analogie, sur nos relations avec d'autres animaux qui ont moins de sens et d'organes que nous, à qui nous faisons beaucoup de bien et beaucoup de mal, et dont nous ne sommes pas connus ; sur le ridicule de nous croire le plus parfait des ouvrages du Créateur ; sur l'inconvenance que l'univers fut régulièrement organisé par dégradations presqu'imperceptibles de nous aux dernières des plantes, et qu'il y eut un désert immense entre nous et DIEU, nous avons pensé que cet espace devait être peuplé d'une hiérarchie d'Êtres plus parfaits et plus puissans que l'homme, qui ne sont ignorés de nous que comme nous le sommes nous-mêmes des plantes, et des animaux à qui les sens nécessaires pour nous connaître ont été refusés.

Sans avoir la puérilité d'assujettir ces Êtres sublimes à la fonction d'Anges gardiens, nous avons trouvé dans l'exemple de notre conduite envers les animaux et les plantes, la preuve que nos supérieurs pouvaient en faisant leurs travaux, s'intéresser aux nôtres. Nous avons conçu que meilleurs que nous, ils devaient être encore plus touchés de ce qui est essentiellement *bien:* et qu'il nous serait impossible de mériter, ni d'obtenir leur affection et leur secours, autrement que par des actions et des pensées louables, puisque l'hypocrisie ne leur en imposerait pas.

Nous

Nous avons senti combien il pouvait nous être avantageux et améliorateur de nous élever au-dessus de nous-mêmes, et de nous rapprocher d'eux, en établissant entr'eux et nous par la pensée une sorte de communication ; cherchant parmi eux, et jusques à Dieu même, la notion du *Beau idéal* en moralité, auquel sans doute nous ne pouvons atteindre, mais vers lequel nous devons marcher sans cesse.

Le prix de ce travail nous a paru journalier et certain, comme celui des services qu'il nous a aidé à rendre aux autres hommes, l'est pour nous de la part de ceux que nous avons obligés, ou de ceux qui en ont été témoins, ou de nous-mêmes qui ressentons une juste satisfaction quand nous avons bien fait. *Cela peut encore nous suffire.*

Et cependant on se demande si les bonnes actions peuvent espérer quelqu'autre récompense ? Si nous sommes susceptibles d'en recevoir, si nous le sommes de subir aussi des punitions après notre mort.

C'est ce que nous ne pouvons *savoir* avec

certitude, mais sur quoi nous pouvons arriver à de grands motifs de *crédibilité.*

Si nous ne sommes que le mélange de notre intelligence et de notre corps, il sera certain que leur séparation nous anéantissant, nous ne pourrons plus être récompensés, ni punis.

Si, au contraire, le véritable *nous* consiste dans notre intelligence, et si notre corps n'est qu'une machine au service de cette intelligence, il est possible qu'elle lui survive, il est vraisemblable qu'elle lui survit. Et cette hypothèse m'a paru nécessaire pour completter la grande moralité de l'Univers.

L'Enfer de presque toutes les nations et de presque toutes les religions est absurde et atroce. Leur Paradis est sot et enfantin.

Mais j'ai trouvé chez Pythagore et les Gymnosophistes, dans une pensée de Leïbnitz, et dans un grand fait d'histoire naturelle, la possibilité d'un systême de punitions modérées, paternelles, exactement proportionnées à la nature des fautes et des délits; d'un système de récompenses progressives, qui pour une vertu toujours croissante pourraient devenir infinies.

Ces idées conformes à la bonté de Dieu et à *l'ordre général* de l'Univers, ont consolé mon cœur et satisfait ma raison. J'ai desiré qu'elles pussent être adoptées par mes amis. Je leur demande de les relire plus d'une fois, et d'en considérer l'enchainement sévère.

Il m'a paru qu'un Principe intelligent pouvait avoir un souvenir très-énergique d'objets non présens : j'en ai l'exemple dans nos songes ; qu'un principe intelligent pouvait animer successivement des corps très-diversement organisés; j'en ai l'exemple dans presque tous les insectes.

Il m'a semblé encore que la vie d'un Principe intelligent ne devait pas être soumise à d'autres loix que toutes les autres vies créées, qui ne finissent naturellement qu'après que l'être qui en fut doué a eu atteint son *maximum* : et le *maximum* d'un Principe intelligent m'a paru ne devoir arriver que lorsqu'il cesse de croître en intelligence, en lumières et en bonté.

J'ai supposé, toujours d'après l'analogie et l'uniformité des loix naturelles, que les Principes intelligens et animateurs n'ont d'abord, comme tous les autres Êtres, que le germe de leurs facultés; et que leur vie consiste à passer par un grand nombre de vies, en s'élevant graduellement des moindres, de celles des Êtres qui ont le moins d'organes et de sens, à celles des Êtres supérieurs : jusqu'à ce que par l'emploi des organes de ces divers Êtres, et par l'expérience de leurs biens et de leurs maux, chaque principe vivifiant ait atteint le degré d'aggrandissement et de perfection qui lui paraît suffisant, et auquel enfin il s'arrête.

J'ai supposé que tout Principe animateur commençait par donner la vie à des plantes; qu'après avoir passé dans le règne végétal la première partie de son existence, alors privée de raisonnement comme celle d'un *fœtus*, il coulait dans l'animation des Êtres vivans ou intelligens placés entre les Plantes et l'Homme la portion de sa vie correspondante à *l'enfance* qui acquiert quelques idées, et ne sait encore ni les pousser loin, ni parler, ni se connaître bien nettement elle-même; que sous la forme humaine, il faisait les premiers pas dans le règne de la haute moralité, et entrait dans la *puérilité*, peut-être jusques dans *l'adolescence* d'un *génie*, dans l'époque où il peut *mériter*, par le bon emploi d'une intelligence qui se manifeste à elle-même, et sent la capacité qu'elle a de diriger ses actions, ou *démériter* par son abus.

J'ai supposé qu'entre chacune de ses vies particulières, le Principe intelligent attendait la suivante sous l'état de *monade*, sans organes extérieurs, mais jouissant du degré d'intelligence qu'il a pu acquérir dans le dernier corps animé par lui; que depuis l'état *d'homme* où commence la haute et universelle moralité, il avait dans sa *monade* le souvenir de sa vie passée, et le désir, le besoin d'animer de nouveaux organes, d'éprouver par eux de nouvelles jouissances, désir, besoin qui doivent être, dans l'essence d'un Principe animateur, une fois sorti de sa première enfance, et parvenu à se connaître lui-même;

Que s'il a mal vécu dans son corps humain, ou plus qu'humain, sa mémoire est accompagnée de remords, et d'un repentir qui ne peut le ramener à la vie qu'après qu'il a lui-même sollicité comme une grace sa mort, ou le renvoi des élémens de son intelligence au dernier rang des principes animateurs, dans quelques-unes des plantes les plus imparfaites; ou sa *dégradation* qui déterminée soit par la gravité, soit par la légèreté du délit, sera d'un seul grade, ou de dix, ou de cent, ou de mille, dégradation dont il pourra se relever, comme les autres Êtres du rang inférieur auquel il aura été renvoyé s'élèvent, par un usage honnête et bon des facultés auxquelles il aura été réduit: De sorte que la peine, toujours exactement mesurée sur la faute, laissera cependant toujours une voie à l'espérance et à la réhabilitation;

Que si au contraire il a été bon et laborieux, s'il a perfectionné son intelligence et l'a vertueusement employée à bien faire, le souvenir de cette louable conduite fera pour lui de son séjour dans sa *monade*, un état de repos plein de douceur et consacré à se préparer à une nouvelle vie meilleure et plus heureuse;

Qu'enfin, à quelque degré qu'un Être intelligent puisse être monté en capacité, en bonté, en bonheur, comme il ne peut devenir DIEU, ni *se confondre en lui*, ainsi que le disaient très-niaisement et encore plus inintelligiblement quelques Philosophes et quelques Piétistes, mais peut s'en approcher toujours en étendant le cercle de ses lumières et de ses vertus; tant qu'il ne cessera pas son travail bienfaisant et progressif, il n'aura pas atteint son *maximum*, il pourra toujours prétendre à une vie mieux organisée, plus parfaite, plus fortunée, il ne pourra mourir; qu'il ne mourra naturellement qu'à l'époque qu'il aura lui-même fixée, en se bornant à jouir au lieu de se perfectionner encore.

Selon ce système, la mort naturelle des principes intelligens est marquée après qu'ils ont abandonné le travail, et ont épuisé la récompense de celui qu'ils avaient fait. Leur mort accidentelle arrive par le crime; leurs maladies et l'affaiblissement qui en est la suite, par le vice ou par les fautes. Leur santé subsiste et se fortifie dans une vertu active et éclairée.

J'ai montré de-là combien est coupable celui qui, non-seulement s'arrête par faiblesse dans la carrière du bien, mais qui s'enlève par violence les moyens que la Providence lui avait donnés pour expier ou réparer le mal, que son imperfection et l'abus de sa liberté lui ont fait commettre. J'ai vu que le crime du suicide était affreux.

A l'appui de ce que la réflexion m'avait prouvé sur ce point et sur la plupart des autres, j'ai invoqué l'autorité de l'instinct, ce premier maître de philosophie dont nul sage ne parlera jamais qu'avec respect. Et je me suis dit : je ne me trompe point, car j'exprime la pensée de tous les humains.

Ces diverses idées m'ont paru embrasser la généralité de l'Univers. Elles expliquent d'une façon claire et lucide la grande énigme du monde, le mélange du bien et du mal, la nécessité et la proportion de ce mélange, la moralité qui en résulte. Le voile qui fermait le sanctuaire de la nature est levé. La raison y découvre un spectacle admirable, non miraculeux, ni merveilleux. Tout y est sage, rien extraordinaire. Deux élémens très-simples, DIEU et la MATIÈRE organisée par DIEU, y composent tout.

En combinant avec cette *matière* des PRINCIPES INTELLIGENS émanés de lui, il a formé des ÊTRES ACTIFS propres eux-mêmes à donner successivement la vie à une série d'autres Êtres vivans de différens grades, plus ou moins intelligens libres et moraux, dont les organes et les sens développent l'intelligence même qui les anime.

Chacun de ces animaux (et dans son acception sévère, cette expression s'applique même à toutes les espèces *d'Anges*), a durant sa vie des récompenses et des punitions qui naissent naturellement de sa bonne ou de sa mauvaise conduite; et le Principe intelligent de chacun d'eux trouve dans le cours de son existence, composée de cette suite de vies, qui naissent les unes des autres, le prix ou la peine de la manière dont il a dirigé les Êtres qui vécurent par lui.

L'Homme proprement ainsi nommé, n'est ni récompensé, ni puni après sa mort; car il n'est plus rien, et rien ne peut porter sur rien. Il a eu ses gages d'homme, et sa police correctionnelle, pendant qu'il fût homme. Mais L'AME *de l'Homme*, le Principe intelligent qui lui donne la *seïté*, qui est le véritable LUI, qui en lui éprouve les passions et les jouissances, et se porte aux bonnes et aux mauvaises actions, vivant beaucoup plus que l'Homme, et en proportion des efforts qu'il fait pour se perfectionner, L'AME *est punie* sans rémission, quoiqu'avec douceur, ou *récompensée* avec la plus grande largesse, long-tems après que l'Homme a cessé d'être.

Ainsi s'accordent les observations philosophiques de ceux qui ne voyant qu'un bout de la chaîne, n'ont pas compris qu'un Homme dont le corps est réduit en poussière et passé dans d'autres corps, pût être susceptible de bonheur ou de malheur; et celles des sages encore plus profonds qui, reconnaissant en l'Homme un principe supérieur à lui-même, et moteur de ses actions, ont conçu que ce moteur devait être responsable de ce que l'Homme fait de mal, et rémunérable pour ce qu'il fait de bien.

Ainsi le temple de la morale où tous les Êtres intelligens créés ont leur place marquée par la SUPRÊME INTELLIGENCE, se trouve complетté ; et la coupole en est faite de la même matière, d'après les mêmes règles, suivant les mêmes loix, avec la même sagesse et la même bonté que nous avons touchées au doigt sur les marches de son portique. Et lorsque, après avoir évidemment reconnu un grand nombre de loix divines, on est obligé d'en supposer quelques autres qui ne sont pas susceptibles d'une démonstration rigoureuse, c'est une grande présomption en faveur de l'hypothèse que d'être forcé de convenir qu'elle s'accorde parfaitement avec toutes les autres loix connues et prouvées, avec tous les faits de l'Histoire naturelle, et sur-tout avec la miséricorde, l'équité, la bienfaisance infinie de DIEU.

TELLE est, mes Amis, la doctrine que je voulais vous exposer avant de mourir, et que mon attachement pour vous lègue à votre morale, à votre génie, à votre sagacité. Tel est le fruit de trente-cinq ans de méditations multipliées. Telles sont les pensées qui, autant que je l'ai pu, ont guidé ma conduite publique et privée depuis l'âge de dix-huit ans. Telle est *ma Religion*. Si elles peuvent devenir les vôtres; je croirai avoir assez fait pour cette vie passagère à laquelle aujourd'hui je tiens fort peu, et je permettrai aux tyrans d'envoyer ma *monade* se prosterner devant l'ÉTERNEL.

Valete et me amate.

10 juin 1793.

www.ingramcontent.com/pod-product-compliance
Lightning Source LLC
LaVergne TN
LVHW020559230826
846091LV00002B/535